Die Bibel für Schüler lebendig machen

Motivierende Ideen und Methoden zur Bibelarbeit

Stephan Sigg

Verlag an der Ruhr

Impressum

Titel
Die Bibel für Schüler lebendig machen
*Motivierende Ideen und Methoden
zur Bibelarbeit*

Autor
Stephan Sigg

Titelbildmotiv
© kstudija/fotolia.com

Bildnachweis
soweit nicht anders angegeben, siehe S. 199

Hinweis: Alle wörtlich zitierten Bibeltexte stammen, sofern nicht anders gekennzeichnet, aus der Einheitsübersetzung der Heiligen Schrift © 1980 Katholische Bibelanstalt, Stuttgart.

Verlag an der Ruhr
Mülheim an der Ruhr
www.verlagruhr.de

Geeignet für die Klassen 5–13

Urheberrechtlicher Hinweis:
Das Werk und seine Teile sind urheberrechtlich geschützt. Jede Verwendung in anderen als den gesetzlich zugelassenen Fällen bedarf der vorherigen schriftlichen Einwilligung des Verlages. Im Werk vorhandene Kopiervorlagen dürfen vervielfältigt werden, allerdings nur für jeden Schüler der eigenen Klasse/des eigenen Kurses. Die dazu notwendigen Informationen (Buchtitel, Verlag und Autor) haben wir für Sie als Service bereits mit eingedruckt. Diese Angaben dürfen weder verändert noch entfernt werden. Die Weitergabe von Kopiervorlagen oder Kopien (auch von Ihnen veränderte) an Kollegen, Eltern oder Schüler anderer Klassen/Kurse ist nicht gestattet.
Der Verlag untersagt ausdrücklich das Herstellen von digitalen Kopien, das digitale Speichern und Zurverfügungstellen dieser Materialien in Netzwerken (das gilt auch für Intranets von Schulen und sonstigen Bildungseinrichtungen), per E-Mail, Internet oder sonstigen elektronischen Medien außerhalb der gesetzlichen Grenzen.
Kein Verleih. Keine gewerbliche Nutzung. Zuwiderhandlungen werden zivil- und strafrechtlich verfolgt.

**Bitte beachten Sie die Informationen unter
www.schulbuchkopie.de**

Soweit in diesem Produkt Personen fotografisch abgebildet sind und ihnen von der Redaktion fiktive Namen, Berufe, Dialoge u. Ä. zugeordnet oder diese Personen in bestimmte Kontexte gesetzt werden, dienen diese Zuordnungen und Darstellungen ausschließlich der Veranschaulichung und dem besseren Verständnis des Inhalts.

Trotz sorgfältiger inhaltlicher Kontrolle kann keine Haftung für die Inhalte externer Seiten, auf die mittels eines Links verwiesen wird, übernommen werden. Für den Inhalt der verlinkten Seiten sind ausschließlich deren Betreiber verantwortlich.

© Verlag an der Ruhr 2016
ISBN 978-3-8346-3055-1

Printed in Germany

 Alle im Download befindlichen Vorlagen finden Sie unter:
www.verlagruhr.de/zusatzdownloads

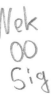

Inhaltsverzeichnis

Vorwort 6

Wie Sie mit diesem Buch arbeiten können 8
Zum Aufbau 8
Zu Einsatzmöglichkeiten und Zielsetzung 11

Teil I – Sammlung flexibel einsetzbarer Methoden

Methoden zum (Stunden-)Einstieg 14
Update 16
Word cloud 17
Schlüsselwörter 18
Schlüsselsatz 18
Textsalat 19
Expertenrunde 20
Puzzle 21
Bibel teilen 21
Titel-Betrachtung 22
Fotokreis 23
Dialog 23
Fortsetzungsfantasien 24
Blitzlichtrunde 25
Stellung beziehen 25
Stellwände kommentieren 26

Methoden zur Besinnung/Meditation 29
Mein inneres Bild 29
Biblisches Musikvideo 30
Bild-Meditation 31
Gebetsform 31
Leuchtende Wörter 32

Gebetswäscheleine 32
Mit allen Sinnen 33
Das passende Lied 34

Methoden zur Erarbeitung **35**
Details untersuchen 36
Alternativen-Brainstorming 36
Gegenbilder 37
Schüler-Lehrer-Chat 37
Bible Play 38
Aussagen bewerten 38
Fragen beantworten 39
Perspektivenwechsel 40
Botschaftscollage 41
Bibel-Café 41
Bibelstationen 42

Methoden zur Sicherung/zum (Stunden-)Abschluss **45**
Von A bis Z 45
Botschaft twittern 46
Persönliche ToDo-Liste 47
Quizfragen erstellen 47
Abschlusssatz 48
Im Adjektive-und-Verben-Pool 48
Ausgewürfelt 49
Ein Satz zum Mitnehmen 50
Lesezeichen 50
Wäscheleine 51

Teil II — Konkrete Ideen zu 25 ausgewählten Bibelstellen

Kain und Abel *(Genesis 4,1–16)* 54
Der Turmbau zu Babel *(Genesis 11,1–9)* 61
Der brennende Dornbusch *(Exodus 3,1–5)* 66
Du sollst den Feiertag heiligen – das dritte Gebot *(Exodus 20,8–11)* 70
David gegen Goliath *(1. Samuel 17,1–58)* 76
Denn er hat seinen Engeln befohlen … *(Psalm 91,11)* 81
Alles hat seine Zeit *(Prediger/Kohelet 3,1–15)* 85
Die Heilsankündigung Jesajas *(Jesaja 35,1–4)* 92
Die Geschenke der Sterndeuter *(Matthäus 2,10–11)* 98
Die Bergpredigt *(Matthäus 5,1–7,29)* 106
Die Goldene Regel *(Matthäus 7,12)* 112
Vom Licht unter dem Scheffel *(Matthäus 5,14–16)* 116
Wo zwei oder drei unter meinem Namen … *(Matthäus 18,20)* 123
Von den Arbeitern im Weinberg *(Matthäus 20,1–16)* 127
Das letzte Abendmahl *(Markus 14,12–25)* 132
Die Geburt Jesu *(Lukas 2,1–20)* 138
Die Versuchung Jesu *(Lukas 4,1–13)* 141
Vom barmherzigen Samariter *(Lukas 10,25–37)* 146
Maria und Marta *(Lukas 10,38–42)* 152
Jesus und die Ehebrecherin *(Johannes 8,1–11)* 157
Ich bin das Licht der Welt *(Johannes 8,12)* 162
Jesus heilt einen Blinden *(Johannes 9,1–12)* 167
Das Pfingstereignis *(Apostelgeschichte 2,1–13)* 173
Die Steinigung des Stephanus *(Apostelgeschichte 7,54–60)* 177
Ein Leib, viele Glieder *(1. Korinther 12,12–31a)* 183

Anhang

Übersicht der wichtigsten Textgattungen der Bibel 188

Register 195
Bibelstellenverzeichnis 195
Themenverzeichnis 196

Bildnachweis 199

Medientipps 200

Vorwort

Liebe Lehrer*!

Für mehr als zwei Milliarden Menschen ist sie eine wichtige, wenn nicht sogar die wichtigste Glaubensgrundlage: die Bibel – das Buch der Bücher, das „Wort Gottes". Darin wird beschrieben, wie Gott die Welt erschaffen hat, wie er das Volk Israel auserwählt hat, wie er in Jesus Christus Mensch geworden ist, gekreuzigt wurde und auferstanden ist. Dabei thematisiert die Bibel alle **grundlegenden Fragen und Themen, die die Menschen zu jeder Zeit beschäftigt haben** und es bis heute tun – darunter z. B. Liebe, Hass, Hoffnung, Angst, Gerechtigkeit, um nur ein paar zu nennen.
Das Buch der Bücher hat **die Menschheit über Jahrhunderte hinweg geprägt und ist bis heute ein fester Teil unseres Alltags und unserer Kultur;** und das nicht nur in christlichen Gesellschaften: So stammen bspw. zahlreiche Sprachbilder und Redewendungen in unserem alltäglichen Wortschatz, wie „Wer anderen eine Grube gräbt, fällt selbst hinein", aus der Bibel, und unzählige Autoren und Künstler haben sich von der Heiligen Schrift der Christen inspirieren lassen.

Doch **für die Jugendlichen** ist die Bibel heute in der Regel **eher ein „Buch mit sieben Siegeln"** (übrigens hat auch diese Redewendung einen biblischen Ursprung) – sie lesen sie selten bis gar nicht und kennen kaum eine biblische Geschichte. Auch im **Religionsunterricht** tut man sich oft schwer, die Bibel regelmäßig einzubauen. Die Begeisterungsstürme halten sich sehr in Grenzen, wenn es wieder einmal heißt: „Schlagt die Bibel auf". „Kinderkram", ist da oft zu hören, „was sollen wir denn mit diesen alten Märchen?" Zu sperrig, zu fromm wirken manche Geschichten. Eine verpasste Chance! Denn gerade durch die Auseinandersetzung mit den verschiedenen biblischen Geschichten lernen die Schüler die **Grundlage des christlichen Glaubens** kennen. Und sie erfahren: Die Bibel ist nicht von gestern, sondern **hochaktuell** und hält viele Tipps für unser tägliches Leben im 21. Jahrhundert bereit.

---

* Aus Gründen der besseren Lesbarkeit haben wir in diesem Buch durchgehend die männliche Form verwendet. Natürlich sind damit auch immer Frauen und Mädchen gemeint, also Lehrerinnen, Schülerinnen etc.

Die Bibel für Schüler lebendig machen

Um den Jugendlichen in der **Sekundarstufe** einen **neuen Zugang zum Buch der Bücher** zu verschaffen und Ihnen die zahlreichen Verbindungen zu ihrer Lebenswelt deutlich zu machen, ist diese **Sammlung vielfältigster Methoden** entstanden. Die Ideen möchten Ihnen helfen, den vermeintlichen Staub von den biblischen Texten zu blasen und **Bibelarbeit** für Ihre Schüler **lebendig und motivierend** zu gestalten.

Damit Sie dieses Buch möglichst vielseitig einsetzen können und es Ihnen so lange wie möglich immer wieder neu als **Inspiration für Ihre Unterrichtsgestaltung** dienen kann, finden Sie darin sowohl **universell auf jede beliebige Bibelstelle anwendbare Methoden** für alle Unterrichtsphasen als auch **abwechslungsreiche Ideen zu 25 konkreten Bibelpassagen**. So sind Sie optimal gerüstet und machen Ihren Schülern die Auseinandersetzung mit dem Buch der Bücher im Handumdrehen wieder schmackhaft.

Ich wünsche Ihnen und Ihren Schülern kreative Unterrichtsstunden und viele spannende Entdeckungen bei der Auseinandersetzung mit biblischen Texten!

Stephan Sigg

Wie Sie mit diesem Buch arbeiten können

Zum Aufbau

Dieses Buch ist als Nachschlagewerk konzipiert, das Ihnen schnelle Hilfe bei der Unterrichtsplanung und -gestaltung bieten soll. Dafür besteht es im Kern aus zwei Teilen:

Teil I – Unabhängige Methodensammlung

In **Teil I** (ab S. 13) finden Sie eine **bunte Sammlung verschiedenster Methoden**, die sich **auf jede beliebige Bibelstelle anwenden** lassen. Diese sollen es Ihnen erleichtern, die Bibelarbeit auf kreative Art und Weise in Ihren Unterricht zu integrieren. Dabei können Sie aus Ideen für ...
- Unterrichtseinstiege (S. 14ff.),
- Besinnungs- und Meditationsphasen (S. 29ff.),
- Erarbeitungsphasen (S. 35ff.) sowie
- Sicherungsphasen (S. 45ff.)

wählen.

Einige der Methoden sind sogar so flexibel, dass sie sich durch kleine Änderungen auch leicht für andere Unterrichtsphasen anpassen lassen.
Wo nötig, wird anhand **konkreter Beispiele** demonstriert, wie die Methode umgesetzt werden kann, damit Sie sie im Handumdrehen in Ihrem Unterricht anwenden können. Darüber hinaus finden Sie ganz vereinzelt auch Kopiervorlagen, die Ihnen die Vorbereitung und Umsetzung erleichtern sollen. Davon abgesehen, kommen die meisten Methoden jedoch ohne besondere Materialien aus.

Wann immer Sie einen Bibeltext im Unterricht behandeln möchten, können Sie sich hier die passende Methode aussuchen, um **den Text für die Schüler ansprechend zu verpacken** und um Abwechslung in die Herangehensweise zu bringen.

Teil II – Fertig ausgearbeitete Unterrichtsideen zu 25 konkreten Bibelstellen

In **Teil II** (ab S. 53) finden Sie ganz **konkrete Unterrichtsideen zu 25 ausgewählten Bibelstellen**. Darunter sind sehr bekannte Geschichten, aber auch unbekanntere, die es durchaus wert sind, entdeckt zu werden, und die dazu genutzt werden können, den Horizont der Jugendlichen (und vielleicht auch Ihren eigenen!) zu erweitern.
Die Bibelstellen wurden bewusst im Hinblick auf die Lehrpläne der Sekundarstufe I ausgewählt. So lässt sich jeder der hier gewählten biblischen Texte mit einem Thema aus den Lehrplänen in Bezug bringen. Darüber hinaus wurde bei der Auswahl auf eine möglichst **breite Mischung** von Texten **aus dem Neuen und dem Alten Testament** sowie von **verschiedenen biblischen Textgattungen** geachtet.

Die Aufbereitung der 25 Bibelstellen folgt stets demselben Aufbau:
Zunächst finden Sie in der Rubrik „**Worum geht's?**" eine Übersicht der wichtigsten Eckdaten. Hier werden **passende Themenschlagworte** angegeben, damit Sie schnell sehen, ob die Bibelstelle zu Ihrem Unterrichtsthema passt bzw. welche Themen sich durch den Bibeltext erarbeiten lassen. Außerdem erfolgt die **Zuordnung der Textgattung** (siehe unten). Anschließend informiert Sie ein kurzer Text zusammenfassend über **Inhalt und Hintergrund** der biblischen Textpassage und danach folgt eine kurze Interpretation zur **Bedeutung** des Textes. Schließlich gibt Ihnen ein letzter Abschnitt Hinweise zu möglichen **Querbezügen zur Lebenswelt** der Schüler.
Danach erhalten Sie **konkrete Unterrichtsanregungen zu verschiedenen Unterrichtsphasen**. Auch hier gibt es Ideen und Impulse zum Stundeneinstieg, zur Besinnung und Meditation, zur Erarbeitung und zur Sicherung bzw. zum Stundenabschluss. In diesem Abschnitt finden Sie immer wieder auch verschiedene **Icons**, die Ihnen auf einen Blick zeigen, ob bei der jeweiligen Idee mit …

 einem Lied,  Bildern oder  einem Video

… gearbeitet wird. Dabei wurde bewusst darauf geachtet, die **verschiedenen Medien möglichst abwechslungsreich einzusetzen**, um für jede Bibelstelle unterschiedliche Zugänge zu ermöglichen.

Abschließend erhalten Sie zu jeder Bibelstelle auch immer **Tipps für eine mögliche Weiterführung**. Hier finden Sie Verweise zu passenden Bibelstellen und Themen, die im Unterrichtsverlauf sinnvoll anknüpfen können (ebenso eignen sie sich als Alternative, bspw. wenn die Schüler den gewählten Bibeltext bereits kennen). Darüber hinaus stehen an dieser Stelle auch **kreative Anregungen für besonders spielerische und/oder handlungsorientierte Projekte**, die sich rund um die jeweilige Bibelstelle gestalten lassen.
Sollte für die Unterrichtsanregungen ein **Arbeitsblatt** nötig sein, so finden Sie dies direkt im Anschluss an die Bibelstelle. Sie können es entweder aus dem Buch heraus kopieren und dabei auf DIN A4 vergrößern, oder aber Sie laden es aus unserem **kostenlosen Downloadangebot** (siehe Link im Impressum, S. 2) herunter.

Übersicht der biblischen Textgattungen

Ergänzend zu den beiden Hauptteilen finden Sie im Anhang eine Übersicht der wichtigsten Textgattungen der Bibel (ab S. 188). Hier werden die **verschiedenen Gattungen kurz skizziert** und ihre jeweiligen **Besonderheiten zusammengefasst**. Darunter stehen jeweils **Verweise zu passenden Bibelstellen** aus Teil II.

Register zum schnellen Nachschlagen

Ganz am Ende des Buches finden Sie schließlich zwei Register: zum einen ein **Bibelstellenverzeichnis** (S. 195f.) – hier können Sie auf einen Blick sehen, wo im Buch Sie zu einer bestimmten Bibelstelle Anregungen finden – und zum anderen ein **Themenverzeichnis** (S. 196ff.) – hier können Sie nachschlagen, auf welchen Seiten Sie passende Texte und Ideen zu einem bestimmten (Lehrplan-)Thema finden.

Zu Einsatzmöglichkeiten und Zielsetzung

Ideenfundgrube und Komplettprogramm in einem

Zunächst einmal ist das Buch als **Fundgrube** gedacht, aus der Sie in Sachen Bibelarbeit über das ganze Schuljahr hinweg (bzw. während Ihrer gesamten Lehrerlaufbahn) beliebig schöpfen können. Ob Sie nun ...
- Anregungen und Hintergrundinfos zu einem bestimmten Bibeltext,
- eine neue Methode für eine bestimmte Unterrichtsphase oder auch
- passende Bibelstellen zu einem bestimmten Thema oder für eine bestimmte biblische Textgattung ...

suchen – hier werden Sie schnell fündig.

Was die Anregungen zu den konkreten Bibelstellen in Teil II betrifft, so können Sie entweder **einzelne Ideen herausgreifen**, oder auch gemäß dem **Baukastenprinzip** eine **ganze Unterrichts(doppel)stunde damit gestalten**. Wählen Sie je nach Bedarf und Lerngruppe aus, kombinieren Sie flexibel oder wandeln Sie beliebig ab – hier sind Ihrer Fantasie keine Grenzen gesetzt!

Verschiedene Sozialformen

Bei den einzelnen Unterrichtsideen in Teil II wird in der Regel immer auch die Sozialform, auf die sie in erster Linie ausgelegt sind, angegeben. Dies ist jedoch nicht in Stein gemeißelt – die meisten Methoden **lassen sich ohne viel Aufwand so abwandeln**, dass sie **auch für andere Sozialformen funktionieren**. Gerade die Gruppenarbeiten lassen sich meist auch als Partner- oder Einzelarbeit durchführen.

Verschiedene Leistungsniveaus

Die Methoden sind alle für ein mittleres Leistungsniveau konzipiert. Wo sinnvoll, finden sich aber auch **Differenzierungshinweise** für leistungsstärkere bzw. leistungsschwächere Klassen, sodass Sie auch hier flexibel sind und die Methoden **je nach Lerngruppe anpassen** können.

Möglichst sinnlich, möglichst erfahrungsorientiert

Die Bibel wird erst dann lebendig, wenn sie **durch konkrete Erfahrungen und mit möglichst vielen Sinnen erlebt** werden kann. Deshalb finden Sie bei vielen Unterrichtsanregungen auch Ideen für eine kreative Auseinandersetzung, erlebnispädagogische Aktivitäten und konkrete Umsetzungsmöglichkeiten von biblischen Botschaften. Diese erfordern manchmal etwas mehr Zeit, sind aber trotzdem empfehlenswert, da sie bei den Schülern einen besonders nachhaltigen Eindruck hinterlassen.

Größere Projekte

Vom regulären Unterricht abgesehen, können Sie mithilfe der kreativen Anregungen in den weiterführenden Hinweisen aber auch **Projekttage** oder sogar eine ganze **Projektwoche** gestalten. Wie wäre es z. B. mit einer Themenwoche „Wir entdecken die Bibel neu" oder „Bibelgeschichten lebendig machen"? Hier bieten sich vor allem Verknüpfungen mit anderen Medien und handlungsorientierte Herangehensweisen an, wobei die Schüler z. B. verschiedene Bibelstellen an Stationen selbstständig erarbeiten, oder sie entwickeln aus den Texten heraus ein Theaterstück … Auch hier können Sie Ihrer Kreativität – angestoßen von den Impulsen in diesem Buch – freien Lauf lassen. Sicherlich haben auch Ihre Schüler tolle Ideen. Lassen Sie sie ruhig auch Vorschläge für die Inhalte und Gestaltung einer solchen Projektwoche machen – Sie werden überrascht sein, was für tolle Ideen dabei herauskommen!

Teil I – Sammlung flexibel einsetzbarer Methoden

Methoden zum (Stunden-)Einstieg

Ziel dieser Methoden

Die in diesem Abschnitt vorgestellten Methoden ermöglichen den Schülern einen **ersten Kontakt** mit dem (Original-)Text. Ziel ist es, die Jugendlichen dazu anzuregen, sich als Einstieg in die Stunde bzw. in das Thema oder die Reihe **aktiv mit dem jeweiligen Text auseinanderzusetzen**, um einen **direkten Zugang** zu erhalten. Dies bildet die Grundlage für die anschließende vertiefte Auseinandersetzung mit der Bedeutung und Botschaft des Textes bzw. für die Übertragung in die Gegenwart in der Erarbeitungsphase.

Tipps zum Einsatz

Bei einigen der Einstiegsmethoden bietet es sich an, sie direkt, also **ohne vorangeschaltete Erklärungen**, anzuwenden. Verraten Sie noch nicht, worum es geht, bzw. erwähnen Sie nicht, dass eine (oder welche) biblische Geschichte thematisiert wird. Dadurch bauen Sie Spannung auf und setzen bei den Schülern einen Denkprozess in Gang: Sie setzen sich ohne Vorurteile („Die Bibel ist langweilig!") mit dem Text auseinander, sie fangen an, sich unvoreingenommen Gedanken zum Text und seiner Botschaft zu machen, und arbeiten diese selbstständig heraus – so lässt sich in der Regel ein viel größerer Lerneffekt erzielen!

Bei manchen Bibeltexten (z. B. kurzen Texten oder solchen, die einen besonders aussagekräftigen Satz beinhalten) ist es sinnvoll, sie der Klasse zunächst einmal einfach **vorzulesen**. Falls die Schüler beim Zuhören Mühe haben, sich zu konzentrieren, können Sie sie dazu auffordern, die Augen zu schließen. Sie können den Text natürlich auch zusätzlich an die Wand projizieren und die Schüler mitlesen lassen. Damit Ihre „Lesung" für die Schüler ein richtiges „Hör-Erlebnis" wird, sollten Sie den Vortrag vorbereiten: Lesen Sie den Text mehrmals für sich durch, versehen Sie ihn gegebenenfalls mit Markierungen, damit Sie ihn dann möglichst „packend" vorlesen können. Wenn direkte Rede im Text vorkommt, versuchen Sie die verschiedenen Personen zum „Klingen" zu bringen, indem Sie mit Ihrer Stimme variieren. Achten Sie ganz bewusst darauf, den Text nicht „wie in der Kirche" vorzutragen, sondern als spannende, mitreißende Geschichte – Sie und die Schüler werden erstaunt sein, wie anders und „aktuell" der Text plötzlich klingt!

Falls Sie vorhaben, **Kopien mit dem Bibeltext zu verteilen**, achten Sie auf ein ansprechendes, dem Alter der Schüler angemessenes Seitenlayout, z. B. durch eine leserfreundliche Darstellung mit großer Schrift, eine Gliederung mit Absätzen in Sinnabschnitte, evtl. ein passendes Bild usw. Weniger optimal ist es, Texte direkt aus der gedruckten Bibel zu kopieren, da die Texte dort durch Verszahlen etc. stark strukturiert sind. Auf Jugendliche, die nicht bibelfest sind oder sich grundsätzlich mit dem Lesen längerer Texte schwertun, hat dies oft eine abschreckende Wirkung und es verwirrt sie beim Lesen.

Wenn Sie einen **Klassensatz Bibeln** zur Verfügung haben, lohnt es sich jedoch durchaus, dass die Schüler auch mal eine Geschichte selbstständig in der Bibel nachschlagen. So bekommen sie ein Gefühl für den Aufbau dieses besonderen Buches und lernen seine Systematik besser kennen. Dabei sollten Sie Ihre Klasse aber aus oben genannten Gründen unbedingt vorab auf das Lesen in der Bibel mit ihrer außergewöhnlichen Struktur vorbereiten.

Update

Übertragen Sie den biblischen Text in die heutige Zeit. So fällt es den Schülern leichter, die Botschaft hinter der Geschichte zu verstehen und deren Relevanz für ihr eigenes Leben zu erkennen. Viele biblische Geschichten haben einen direkten Bezug zur Lebenswelt der Jugendlichen, bloß wird das auf den ersten Blick oft nicht sichtbar, weil die Geschichten in einem Kontext und mit Begriffen erzählt werden, die den heutigen Schülern fremd sind. Übertragen Sie also die Handlung vorab auf eine aktuelle Situation aus dem Alltag der Jugendlichen und lesen Sie die umgeschriebene Geschichte vor.

Beispiel: *Von den Arbeitern im Weinberg* (Matthäus 20,1–16)

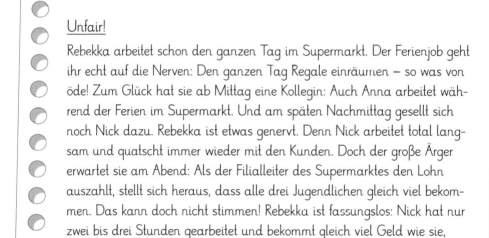

Unfair!

Rebekka arbeitet schon den ganzen Tag im Supermarkt. Der Ferienjob geht ihr echt auf die Nerven: Den ganzen Tag Regale einräumen – so was von öde! Zum Glück hat sie ab Mittag eine Kollegin: Auch Anna arbeitet während der Ferien im Supermarkt. Und am späten Nachmittag gesellt sich noch Nick dazu. Rebekka ist etwas genervt. Denn Nick arbeitet total langsam und quatscht immer wieder mit den Kunden. Doch der große Ärger erwartet sie am Abend: Als der Filialleiter des Supermarktes den Lohn auszahlt, stellt sich heraus, dass alle drei Jugendlichen gleich viel bekommen. Das kann doch nicht stimmen! Rebekka ist fassungslos: Nick hat nur zwei bis drei Stunden gearbeitet und bekommt gleich viel Geld wie sie, die schon am frühen Morgen angefangen hat ...

Sammeln Sie zunächst im Plenum die Eindrücke, die die Geschichte hinterlassen hat. Die Schüler versuchen anschließend zu zweit, die Botschaft der Geschichte in einem Satz mit eigenen Worten zu formulieren. Die Auseinandersetzung mit dem Originaltext geschieht dann erst in der Erarbeitungsphase.

Word cloud

Gestalten Sie aus dem Bibeltext eine sogenannte Word cloud, also eine Wolke aus Worten, in der die einzelnen Wörter des Textes bunt durcheinandergewürfelt sind und je nach Häufigkeit, mit der sie darin vorkommen, größer oder kleiner erscheinen. Um eine solche Word cloud zu erstellen, können Sie entsprechende Online-Tools nutzen, z. B. Wordle™. Kopieren Sie den ausgewählten Text einfach auf www.wordle.net und generieren Sie die Bilddatei mit der Wort-Wolke.

Beispiel: *Psalm 23 als Word cloud*

Projizieren Sie die cloud zu Beginn der Stunde an die Wand. Die Schüler lassen sie zunächst auf sich wirken und äußern dann ihre Gedanken. In einem zweiten Schritt versuchen sie, zu rekonstruieren, welche Geschichte sich hinter den Wörtern verstecken könnte: Wovon handelt sie? Um welches Thema geht es? Was passiert? Welche Personen kommen vor? Erst danach erhalten die Schüler den Originaltext.

Schlüsselwörter

Projizieren Sie den ausgewählten Bibeltext an die Wand. Damit er seine volle Wirkung entfalten kann, sollte der Raum abgedunkelt werden. Die Schüler bekommen etwas Zeit, um die Passage erst einmal still für sich zu lesen. Alternativ können Sie auch einen Schüler bitten, den Text vorzulesen. Wenn Sie mit einem Overheadprojektor bzw. Visualizer oder einem Whiteboard arbeiten, lassen Sie die Schüler anschließend nacheinander nach vorn kommen und auf der Folie bzw. dem Blatt oder am Whiteboard Wörter farbig markieren, die für sie wichtig sind oder die ihnen für den Text zentral erscheinen (z. B. Wörter, die für den Kontext/die Botschaft des Textes wichtig sind; Begriffe, die dem Text eine besondere Aussage geben; Begriffe, die immer wieder vorkommen etc.). Fordern Sie die Schüler dabei auf, ihre Entscheidung kurz mündlich zu begründen.

Schlüsselsatz

Konfrontieren Sie die Schüler mit dem wichtigsten Satz des Textes (z. B. „Liebe deinen Nächsten wie dich selbst"). Sie können ihn groß an die Tafel schreiben oder ausgedruckt in die Mitte des Klassenraums auf den Boden legen. Fordern Sie die Schüler nun auf, sich mit dem Satz allein oder zu zweit auseinanderzusetzen. Dafür sind bspw. folgende Aufgabenstellungen möglich:

- Überlegt euch verschiedene Möglichkeiten, wie man den Satz auch anders formulieren könnte.
  (z. B.: „Sei nicht egoistisch" oder „Akzeptiere die anderen und akzeptiere dich selbst" usw.)
- Notiert Beispiele aus dem Alltag, z. B. aus den Bereichen Schule, Familie, Sport, Fernsehen, Politik usw., die zu dem Satz passen.
- Erstellt ein ABC mit 26 zu diesem Satz passenden Wörtern.
  (dabei bildet jeder Buchstabe des Alphabets den Anfangsbuchstaben für ein Wort)
- Setzt den Satz bildlich um oder entwickelt ein Werbeplakat/Internet-Werbebanner dazu.

Textsalat

Konfrontieren Sie die Jugendlichen mit einem Text, der in verschiedene Teile zerschnitten ist. Kopieren Sie dafür den Bibeltext auf eine Folie oder ein großes Blatt (mindestens DIN A3) und zerschneiden Sie ihn dann zeilenweise in einzelne Folien- bzw. Papierschnipsel, die Sie als „Textsalat" auf den Overheadprojektor legen oder an die Tafel bzw. Stellwand heften.
Lassen Sie dann die Schüler in Kleingruppen (ca. 3–4 Personen) nach vorn kommen und versuchen, die Textteile in die richtige Reihenfolge zu bringen. Dabei sollen bewusst verschiedene Varianten ausprobiert werden.
So tasten sich die Schüler spielerisch an die Geschichte heran und setzen sich viel intensiver mit den einzelnen Szenen der Geschichte auseinander. Alternativ ist es auch denkbar, die Textschnipsel zu vervielfältigen, sodass mehrere Kleingruppen gleichzeitig versuchen können, Ordnung in den Textsalat zu bringen. Teilen Sie die Klasse auf und händigen Sie jeder Gruppe ein Set der Textschnipsel aus. Jede Gruppe versucht nun, die Textstücke in die richtige Reihenfolge zu legen. Die schnellste Gruppe gewinnt!

Beispiel: *Die Himmelfahrt Jesu* (Apostelgeschichte 1,9–11)

> Ihr Männer von Galiläa, was steht ihr da und schaut zum Himmel empor? Dieser Jesus, der von euch ging und in den Himmel aufgenommen wurde, wird ebenso wiederkommen, wie ihr ihn habt zum Himmel hingehen sehen.

> Als er das gesagt hatte, wurde er vor ihren Augen emporgehoben, und eine Wolke nahm ihn auf und entzog ihn ihren Blicken.

> Während sie unverwandt ihm nach zum Himmel emporschauten, standen plötzlich zwei Männer in weißen Gewändern bei ihnen und sagten:

Expertenrunde

Bevor die Schüler mit der gewählten Geschichte aus der Bibel konfrontiert werden, erhält jeder von ihnen einen Textstreifen mit einer Beobachtungsfrage (beschränken Sie sich auf vier bis sechs verschiedene Fragen und vervielfältigen Sie diese so, dass für jeden Schüler eine Frage vorliegt).
Hier ein paar Beispiele für mögliche Fragen:

- Welche Gefühle kommen vor?
  (z. B. Angst, Wut, Enttäuschung, Hoffnung usw.)
- In welcher Beziehung stehen die Personen zueinander?
  (z. B. freundschaftlich, feindlich; in einem Machtverhältnis etc.)
- An welchen Orten/in welchen Räumen spielt die Geschichte?
  Was erfahren wir über sie?
  (z. B. in Jerusalem, auf dem Berg, im Haus von Maria und Marta usw.)
- Was ist der Höhepunkt bzw. die wichtigste Szene der Geschichte?
  (z. B. als Jesus zu den Menschen spricht)
- Welche Personen kommen indirekt in der Geschichte vor, also z. B., indem über sie gesprochen wird?
  (z. B. bei der Sintflut: alle Menschen, die eine Sünde begangen haben bzw. schlecht waren, die Vorfahren von Moses)

Anschließend liest jeder Schüler die Geschichte im Hinblick auf seine Frage. Dadurch konzentrieren sich die Jugendlichen ganz bewusst auf einen bestimmten Aspekt. Alternativ kann jedem Schüler auch eine Person aus der Geschichte zugeteilt werden, auf die er sich dann bei der Lektüre besonders konzentriert.
Nachdem die Schüler die Geschichte gelesen haben, finden sich alle, die dieselbe Beobachtungsfrage bearbeitet haben, in je einer Expertengruppe zusammen. Sie tauschen sich über Ihre Eindrücke aus und sammeln ihre Ergebnisse. Wurden zuvor Personen verteilt, können Sie die Schüler auch dazu auffordern, die Geschichte aus der Perspektive der ihnen zugeteilten Person neu zu erzählen oder zusammenzufassen.
Abschließend werden alle Beobachtungsfragen (oder Personen) der Reihe nach an der Tafel notiert bzw. an die Wand projiziert und die Experten präsentieren ihre Ergebnisse.

Methoden zum (Stunden-)Einstieg

Puzzle

Für die Puzzle-Methode erstellen Sie zunächst aus dem Bibeltext, den Sie thematisieren möchten, ein Textpuzzle. Dazu können Sie die 15-teilige Puzzle-Vorlage im ⬇ Download nutzen. Kopieren Sie den Text in die Word-Datei und formatieren Sie ihn so, dass er sich gleichmäßig über alle Puzzleteile verteilt (der Text sollte ausreichend lang sein). Drucken Sie die Datei anschließend 2-mal aus und schneiden Sie die einzelnen Teile aus.

Beispiel: *Die ägyptischen Plagen* (Exodus 7,1–7)

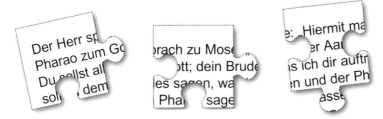

Teilen Sie Ihre Klasse in zwei Gruppen auf. Jede erhält ein komplettes Set an Puzzleteilen. Jeder Schüler nimmt sich ein Teil, liest den darauf stehenden Textausschnitt und macht sich Gedanken über das „Textfragment": Worum geht es? In welchem Kontext könnte das Fragment stehen? Anschließend versuchen die Schüler jeder Gruppe gemeinsam, ihr Textpuzzle zusammenzusetzen. Nun kann im Plenum die komplette Geschichte gelesen werden.

> **Tipp:** Bevor die Schüler die Puzzle zusammensetzen, lässt sich auch gut eine „Blitzlichtrunde" durchführen (siehe S. 25).

Bibel teilen

Diese Methode ähnelt der Methode „Schlüsselwörter" (siehe S. 18), hat aber im Gegensatz zur letzteren einen meditativ-spirituellen Charakter. Sie ist bekannt aus dem ökumenischen Jugend-Wallfahrtsort Taizé. Es geht dabei weniger um inhaltliche Fakten, sondern mehr um eine emotional-spirituelle Auseinandersetzung mit dem Text: Projizieren Sie die ausgewählte Bibelstelle an die Wand und bitten Sie einen Schüler, den Text laut vorzulesen. Anschließend folgt eine Stille-Phase (ca. 1 Minute), in der alle den Text betrachten. Signalisieren Sie z. B. mit einem Gong, wann die Minute vorüber ist. Nun nennen die Schüler Wörter und Satzteile, die ihnen wichtig erscheinen oder an denen sie hängen geblieben sind. Es können auch Gefühle, Fragen, Erinnerungen usw. genannt werden, die durch die einzelnen Begriffe ausgelöst oder wach gerufen wurden.

Titel-Betrachtung

Schreiben Sie den Titel der Bibelgeschichte an die Tafel (z. B. „Vom barmherzigen Samariter" oder „Arche Noah"). Die Schüler tauschen sich nun jeweils zu zweit über ihre Vermutungen aus, worum es in dieser Geschichte gehen mag. Dabei sollen sie vorhandenes Wissen abrufen und gleichzeitig Ideen entwickeln, welche Personen, Orte, Konflikte, Ereignisse, Gefühle usw. in der Geschichte vorkommen könnten.

Anschließend werden die Überlegungen gesammelt: Teilen Sie an jedes Schülerpaar Karteikarten aus, auf die sie ihre einzelnen Ideen stichpunktartig notieren. Die Karten werden dann der Reihe nach vorgelesen, an der Tafel oder auf einer Pinnwand befestigt und dabei kategorisiert (z. B. nach Personen, Orten, Konflikten etc., siehe oben).

Beispiel: *Vom barmherzigen Samariter* (Lukas 10,25–37)

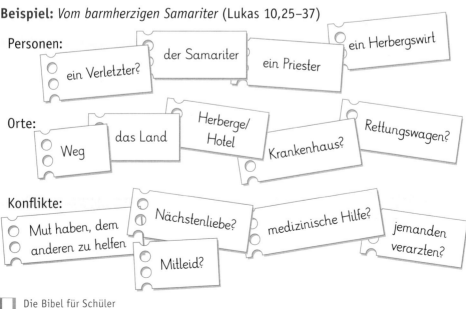

Fotokreis

Für diese Methode werden zahlreiche Fotos (ca. 20–30) benötigt, die verschiedene Gefühle, Stimmungen, Situationen usw. zeigen. Solche Fotosammlungen sind im Buchhandel erhältlich; Sie können aber auch ein eigenes Set zusammenstellen: Suchen Sie einfach online nach passenden Bildern. Es gibt verschiedene Fotoportale, in denen Sie nach Schlagwörtern suchen und dann kostenfrei Bilder herunterladen können (z. B. auf www.pixelio.de). Es müssen nicht nur Fotos von Personen sein – Sie können ebenso Symbole, wie z. B. Smileys oder eine Sonne, Gewitterwolken etc., verwenden.

> **Tipp:** Laminieren Sie die Fotos, um sie langlebiger zu machen und sie immer wieder einsetzen zu können.

Jetzt kann es losgehen: Bilden Sie mit den Schülern einen Stuhlkreis und legen Sie in der Mitte auf dem Boden die verschiedenen Fotos aus. Lesen Sie dann die ausgewählte Bibelgeschichte vor. Anschließend diskutieren die Schüler, welches Bild nach ihrem Empfinden am besten zum Inhalt und/oder zur Botschaft des Textes passt. Hier ist es wichtig, darauf zu achten, dass die Jugendlichen ihre Wahl stets begründen!
Alternativ können sich die Schüler auch zu zweit über die Fotos austauschen und dann zwei bis drei ihrer Meinung nach passende Bilder auswählen und präsentieren. So müssen sie sich nicht auf ein Foto reduzieren, was für manche Schüler eine große Herausforderung darstellt.

Dialog

Schreiben Sie den gewählten Bibeltext vorab in einen Dialog um und bitten Sie dann im Unterricht zwei Schüler (oder mehr, wenn es mehrere Sprechrollen gibt), den Dialog vorzulesen. Sie können die Klasse auch in 2er-Teams bzw. Kleingruppen mit so vielen Schülern, wie Personen im Dialog sprechen, aufteilen. Jedes Team liest sich den Dialog laut vor.

Anschließend konfrontieren Sie die Schüler mit einer Impulsfrage (z. B.: Wie hättet ihr an der Stelle des Blinden, den Jesus geheilt hat, reagiert?, Welche Fragen hättet ihr an Marias Stelle dem Engel Gabriel noch gestellt? usw.). Die Schüler suchen im Team Antworten. Danach werden die Antworten im Plenum gesammelt und besprochen.

Achtung: Diese Methode ist nur für Bibeltexte geeignet, in denen bereits im Original direkte Rede enthalten ist bzw. in denen mindestens zwei Personen vorkommen. Mögliche Geschichten sind z. B. *Die Stillung des Sturms* (Lukas 8,22–25) oder *Von Reichtum und Nachfolge* (Lukas 18,18–30).

Fortsetzungsfantasien

Hier nähern sich die Schüler dem Bibeltext an, indem sie nur den ersten Teil davon zu hören oder zu lesen bekommen und sich dann in Partnerarbeit mehrere Fortsetzungsvarianten überlegen. Jede Fortsetzungsidee wird stichwortartig auf je eine Karteikarte geschrieben.

Beispiel: *Maria und Marta* (Lukas 10,38–42)

Anfang der Geschichte: „Jesus trifft bei Maria und Marta ein, Marta hat keine Zeit für Jesus, da sie so viel zu erledigen hat …" – Mögliche Fortsetzungsideen:

> Jesus wird sauer und reist gleich wieder ab. Beide Schwestern bleiben enttäuscht zurück und beschuldigen sich gegenseitig …

> Maria wird wütend und beginnt, mit ihrer Schwester Marta zu streiten. Jesus ist enttäuscht und schimpft mit den beiden Frauen …

> Marta wird bewusst, dass sie einen wichtigen Besuch hat, und beschließt, sich doch lieber zu ihm zu setzen. Beide Frauen unterhalten sich mit Jesus …

> Es klopft an der Tür und ganz viele Menschen wollen zu Jesus. Maria muss Marta helfen, die Gäste zu bewirten …

Anschließend tragen die Schüler ihre Fortsetzungsideen vor und die Karteikarten werden an die Tafel oder Pinnwand geheftet. Ähnliche Ideen können dabei neben-/untereinander gruppiert werden.

> **Tipp:** Nach der Erarbeitungsphase, wenn der Originaltext dann komplett (vor-)gelesen wurde, können Sie noch einmal auf die Fortsetzungsideen zurückkommen und das Schülerpaar küren, das mit einer seiner Ideen dem Original am nächsten kam.

Blitzlichtrunde

Konfrontieren Sie die Jugendlichen in beliebiger Form mit dem ausgewählten Bibeltext und bitten Sie einen der Schüler, die Geschichte laut und deutlich vorzulesen. Schreiben Sie anschließend den Satzanfang „Für mich geht es um ..." oder „Diese Geschichte macht aufmerksam auf ..." an die Tafel. Fordern Sie die Schüler nun auf, den Satz spontan mündlich zu vervollständigen, bis jeder einzelne zu Wort gekommen ist.

Alternativ kann das Vervollständigen auch schriftlich erfolgen – die Blätter mit den vollständigen Sätzen werden dann an der Tafel oder einer Pinnwand aufgehängt und jeder Schüler erhält drei Klebepunkte. Nun liest sich jeder die aufgehängten Zettel durch und klebt je einen Punkt hinter die drei Sätze, die ihn am meisten überzeugen. Dadurch werden die Schüler angeregt, sich intensiv mit den verschiedenen Ansichten und Meinungen zu beschäftigen. Bei der anschließenden Besprechung sollten die Schüler ihre Wahl unbedingt begründen.

Stellung beziehen

Lesen Sie den Schülern den Bibeltext zunächst vor. Konfrontieren Sie sie dann mit Fragen zum Text und nennen Sie dabei für jede Frage vier Antwortmöglichkeiten, die Sie den vier Ecken des Raumes zuweisen. Die Schüler platzieren sich jeweils in der Ecke, deren Antwort für sie zutrifft.

Bei den Fragen kann es sich um persönliche Fragen („Dieses Gebot von Jesus wirkt auf mich … a) kleinkariert b) mutig c) einleuchtend d) provozierend") oder inhaltliche Fragen zum Text („Wie reagieren die Jünger auf Jesus? – a) überrascht b) verängstigt c) wütend d) erleichtert") handeln.
Alle Schüler, die in derselben Ecke stehen, erklären sich gegenseitig, warum sie sich für diese Antwort entschieden haben. Bitten Sie danach je einen Schüler pro Ecke, die Begründung für die Wahl dieser Antwort der ganzen Klasse mitzuteilen.

> **Tipp:** Kommen Sie am Schluss der Stunde auf die Ergebnisse dieser Einstiegsmethode zurück. Die Schüler versuchen sich zu erinnern, welche Antworten sie ausgewählt hatten, und begründen, ob ihre Antworten nun anders ausfallen würden.

Stellwände kommentieren

Vergrößern Sie den gewählten Bibeltext auf eine Schriftgröße von ca. 18 Punkt. Splitten Sie die Geschichte in mehrere Teile und hängen Sie jeden Teil einzeln (mit ausreichend Platz drum herum, damit die Schüler später Notizen machen können) an die verschiedenen Wände im Klassenraum oder pinnen Sie sie an mehrere Stellwände. Verteilen Sie die Stellwände im Klassenraum oder auch im Flur.
Teilen Sie die Klasse nun in so viele Gruppen auf, wie es Textteile gibt. Jede Gruppe erhält einen Stift und stellt sich zu ihrem Textausschnitt. Ein Schüler liest der Gruppe den Ausschnitt vor. Danach äußern die anderen ihre Eindrücke, ein Schüler protokolliert die Aussagen und schreibt sie zu dem Text an die (Stell-)Wand. Nun wechseln die Gruppen zum nächsten Textteil (die Reihenfolge, in der die Stationen aufgesucht werden, ist dabei nicht relevant). Wieder liest ein Schüler den Text vor, dann werden die Gedanken der ersten Gruppe betrachtet und weitere ergänzt.
So geht es weiter, bis jede Gruppe alle Ausschnitte gesehen und kommentiert hat und wieder an ihrer ersten Station angekommen ist. Hier überlegt sich jede Gruppe, welche Botschaft hinter dem gesamten Text stehen könnte, und hält auch diese Vermutung schriftlich fest.

Schließlich präsentiert jede Gruppe zusammenfassend die Kommentare an ihrem Textausschnitt sowie ihre Vermutung darüber, worum es im gesamten Text geht. Diese Thesen werden im Plenum verglichen und diskutiert.

Beispiel: *Die Speisung der 5000* (Markus 6,30–44)

Wand 1:
Die Apostel versammelten sich wieder bei Jesus und berichteten ihm alles, was sie getan und gelehrt hatten. Da sagte er zu ihnen: Kommt mit an einen einsamen Ort, wo wir allein sind, und ruht ein wenig aus. Denn sie fanden nicht einmal Zeit zum Essen, so zahlreich waren die Leute, die kamen und gingen.

→ Mögliche Eindrücke:
Jesus und die Jünger brauchen endlich mal Ruhe.
Es ist wichtig, sich eine Auszeit zu nehmen.
Jesus hat viele Anhänger.

Wand 2:
Sie fuhren also mit dem Boot in eine einsame Gegend, um allein zu sein. Aber man sah sie abfahren und viele erfuhren davon; sie liefen zu Fuß aus allen Städten dorthin und kamen noch vor ihnen an.

→ Mögliche Eindrücke:
Die Menschen haben keinen Respekt vor Jesus: Sie gönnen ihm keine Ruhe.
Sie verfolgen ihn.
Stalker!
Der ist wirklich beliebt!

Wand 3:
Als [Jesus] ausstieg und die vielen Menschen sah, hatte er Mitleid mit ihnen; denn sie waren wie Schafe, die keinen Hirten haben. Und er lehrte sie lange. Gegen Abend kamen seine Jünger zu ihm und sagten: Der Ort ist abgelegen und es ist schon spät. Schick sie weg, damit sie in die umliegenden Gehöfte und Dörfer gehen und sich etwas zu essen kaufen können. Er erwiderte: Gebt ihr ihnen zu essen! Sie sagten zu ihm: Sollen wir weggehen, für 200 Denare Brot kaufen und es ihnen geben, damit sie zu essen haben? Jesus sagte zu ihnen: Wie viele Brote habt ihr? Geht und seht nach! Sie sahen nach und berichteten: fünf Brote und außerdem zwei Fische.

→ Mögliche Eindrücke:
Jesus meint es gut mit den Menschen, die Jünger denken nur an sich.
Jesus kümmert sich um alle.
Die Jünger haben Angst um die Menschen.
Wird es jetzt gefährlich oder dramatisch?
Es scheint etwas im Gang zu sein ...
Warum muss Jesus sie so lange zutexten?

Wand 4:
Dann befahl [Jesus] ihnen, den Leuten zu sagen, sie sollten sich in Gruppen ins grüne Gras setzen. Und sie setzten sich in Gruppen zu 100 und zu 50. Darauf nahm er die fünf Brote und die zwei Fische, blickte zum Himmel auf, sprach den Lobpreis, brach die Brote und gab sie den Jüngern, damit sie sie an die Leute austeilten. Auch die zwei Fische ließ er unter allen verteilen. Und alle aßen und wurden satt. Als die Jünger die Reste der Brote und auch der Fische einsammelten, wurden zwölf Körbe voll. Es waren 5000 Männer, die von den Broten gegessen hatten.

→ Mögliche Eindrücke:
Wunder?
Es kommen viele Zahlen vor: Haben die eine besondere Bedeutung?
Jesus kann alles.
Jesus bewahrt den Überblick und die Ruhe.
Es reicht für alle!
miteinander teilen

Methoden zur Besinnung/ Meditation

Ziel dieser Methoden

Bei den hier vorgestellten Methoden geht es darum, den Schülern eine Möglichkeit zu bieten, sich **spirituell mit den biblischen Texten auseinanderzusetzen**. Die Methoden regen sie dazu an, **Erfahrungen aus dem eigenen Leben** bewusst zu machen und diese zu reflektieren. Sie aktivieren die Schüler aber auch, zur Ruhe und mit Gott ins Gespräch zu kommen sowie in Form von Gebeten usw. die Inhalte des Themas aufzugreifen.

Tipps zum Einsatz

Es empfiehlt sich, für diese Methoden **ausreichend Zeit** einzuplanen, damit sie in Ruhe angeleitet und durchgeführt werden können. Wenn Sie **regelmäßig** solche Methoden anwenden, wird es den Schülern leichter fallen, sich darauf einzulassen, in sich zu gehen und eigene Gedanken zu artikulieren. Von Vorteil kann es auch sein, solche Methoden **außerhalb des Klassenraums** durchzuführen (z. B. in einer Kapelle, im Freien, in der Aula ...), da dort jeder Schüler mehr Platz hat und von den anderen bei der Besinnung nicht eingeengt oder abgelenkt wird.

Mein inneres Bild

Die Schüler setzen sich so hin, dass sie zuhören, aber anschließend auch gleich mit einer Zeichnung beginnen können. Vor ihnen liegen ein weißes Blatt (idealerweise DIN A3) und verschiedenfarbige Stifte bereit. Nun lesen Sie die Bibelgeschichte vor. Danach folgt eine kurze Stille. Signalisieren Sie mit einem Gong, wann die Schüler mit ihrer Zeichnung beginnen sollen. Sie können bspw. eine Szene oder ein Detail aus der Geschichte zeichnen, das sie besonders berührt hat; es sind aber auch abstrakte Zeichnungen denkbar – z. B. mit Farben und Formen, die die Aussage der Geschichte oder das Gefühl, dass der Text ausgelöst hat, sichtbar machen.

Anschließend legt jeder dieses „innere Bild" an seinem Platz aus und alle spazieren durch den Klassenraum, betrachten die Zeichnungen und lassen sie auf sich wirken. Dabei können Sie eventuell noch einmal den Kernsatz der Geschichte vorlesen.

Biblisches Musikvideo

Suchen Sie zu der gewählten Bibelstelle ein passendes aktuelles Musikvideo, in dem die Botschaft oder das Thema des Textes behandelt wird.
Zeigen Sie den Schülern den Videoclip und fordern Sie sie anschließend auf, mündlich oder schriftlich ihre Eindrücke und Assoziationen zu notieren. Danach lesen Sie den Bibeltext vor. Nun folgt eine kurze Stille, bevor Sie das Video noch einmal vorspielen. Evtl. lohnt es sich, zuvor einen zentralen Satz aus dem biblischen Text zu wiederholen und den Schülern nun eine dazu passende Leitfrage zu stellen, mit der sie Text und Video in Bezug setzen sollen (z. B.: „Was macht glücklich?", „Wie können wir anderen helfen?").

Beispiele für Videoclips und Themen:
- Christina Stürmer: „Ich hör auf mein Herz" → Psalm 37,4 → Leitfrage: Was ist wichtig in deinem Leben? Was macht dich wirklich glücklich?
- Andreas Bourani: „Hey" → Prediger/Kohelet 3,1–15 → Leitfrage: Wo findest du Hilfe, wenn es dir mal schlecht geht?
- Megaloh: „Was ihr seht" → Matthäus 10,14 → Leitfrage: Warum sollte man nie aufgeben? Warum sollte man sich nie unterkriegen lassen?
- Silbermond: „Leichtes Gepäck" → Matthäus 6,21 → Leitfrage: Was brauchst du wirklich? Worauf könntest du verzichten?

Bild-Meditation

Projizieren Sie ein Gemälde oder Foto an die Wand, das die Botschaft oder Stimmung des Bibeltextes sichtbar macht. Es kann sich auch um eine Darstellung einer konkreten Szene handeln. Gut für Jugendliche geeignet sind bspw. die Bilder von Sieger Köder (als Karten oder Kalender im Buchhandel erhältlich). Fordern Sie die Schüler auf, spontan ihre Eindrücke zu äußern, und zwar indem sie in der ersten Runde den Satz „Ich sehe ...", in der zweiten Runde „Mir fällt auf .../Mich irritiert ..." und in der dritten Runde „Ich möchte mehr erfahren über ..." vervollständigen. Je nach Text können Sie anschließend in ein mündliches Gebet überleiten: Sie formulieren einen Anfang (z. B.: „Gott, wir danken dir für ...", „Gott, wir bitten dich um/für ...", „Gott, uns tut leid, dass ...", „Guter Gott, wir verstehen nicht, warum ..." etc.) und die Schüler nennen wie zu Beginn kreuz und quer ihre Beispiele. Erst dann lesen Sie den Bibeltext vor und lassen die Schüler den Bezug zum Bild herstellen.

Gebetsform

Wandeln Sie den gewählten Bibeltext zunächst in ein Gebet um. Formulieren Sie dafür aus den zentralen Sätzen und Aussagen einen Gebetstext.

Beispiel: *Jesus auf dem See* (Johannes 6,16–21)

„Ich bin es; fürchtet euch nicht!", sagt Jesus.
Doch wenn die Flut kommt, die nächste Prüfung auf mich wartet,
meine Knie schlottern und meine Hände feucht werden, vergesse ich es.
„Ich bin es; fürchtet euch nicht!", sagt Jesus zu seinen Jüngern
und auch zu dir, zu mir, zu uns allen.
Höre ich es?

Tragen Sie dieses Gebet in der Klasse vor. Die Schüler diskutieren nun in Partnerarbeit die folgenden Fragen:
- Was ist das Hauptthema dieses Gebets?
- Worauf möchte es aufmerksam machen?

Anschließend können Sie den Original-Bibeltext an die Wand projizieren und von einem der Schüler vorlesen lassen.

Leuchtende Wörter

Vergrößern Sie den Bibeltext auf eine Schriftgröße von ca. 24 Punkt und legen Sie einen Ausdruck in die Mitte des Klassenraums. Die Schüler bilden darum einen Stuhlkreis und jeder von ihnen erhält ein Teelicht. Entzünden Sie neben dem Text eine große Kerze und fordern Sie einen der Schüler auf, den Text vorzulesen.
Während Sie anschließend meditative Musik abspielen, lassen die Jugendlichen den Text weiter auf sich wirken. Sobald die Musik leiser wird, entzünden die Schüler der Reihe nach ihr Teelicht an der großen Kerze, platzieren es auf einem Wort des Textes und formulieren dazu ein kurzes Gebet.

Beispiel: *Vom barmherzigen Samariter* (Lukas 10,25–37)
Hier könnte ein Gebet zu dem Wort „überfallen" lauten: „Gott, ich bitte dich für alle, die Opfer eines Verbrechen geworden sind."

Gebetswäscheleine

Hängen Sie eine Wäscheleine auf und befestigen Sie daran mit Wäscheklammern bunte, zusammengefaltete Zettel in Klassenstärke. Auf jeden Zettel schreiben Sie zuvor ein zur gewählten Bibelstelle passendes Wort (dasselbe Wort darf auch mehrfach vorkommen).
Lesen Sie nun den Bibeltext vor. Anschließend nimmt sich jeder Schüler einen Zettel von der Wäscheleine und geht damit zurück zu seinem Platz, wo er ihn auseinanderfaltet und das Wort darauf liest. Es folgt eine Stille, in der die Jugendlichen über ihren Begriff nachdenken bzw. überlegen, in welchem Zusammenhang das Wort mit der Botschaft des gehörten Bibeltextes steht.
(Bei leistungsschwachen Klassen oder komplizierten Bibeltexten bietet es sich an, zunächst im Plenum kurz die Aussage des Textes zu besprechen, bevor die Schüler sich die Zettel holen.)
Nun formuliert jeder Schüler der Reihe nach ein kurzes Gebet passend zum Text und zu dem Wort auf dem Zettel. Eventuell geben Sie mögliche Anfänge vor:
- „Guter Gott, ich danke dir für …"
- „Guter Gott, ich bitte dich um …"
- „Danke, dass ich darauf vertrauen darf, dass du …"

Beispiel: *Der Herr ist mein Hirte* (Psalm 23)

Begriffe:

Gebetsumsetzung:
- von Ihnen vorformuliert:
  „Danke Gott, dass ich darauf vertrauen darf …"

- von den Schülern ergänzt:
  „… dass du mich in der Schule nie allein lässt."
  „… dass du während der Prüfung an mich glaubst."

Mit allen Sinnen

Die Schüler sollen sich die biblische Geschichte möglichst sinnlich vorstellen. Fordern Sie sie dafür auf, die Augen zu schließen und ganz bewusst zuzuhören, während Sie den Text vorlesen.

Stellen Sie der Klasse anschließend fünf Impulsfragen:
- Wie sieht es an dem in der Geschichte beschriebenen Ort aus?
- Welche Farben stechen dir ins Auge?
- Welche Geräusche hörst du?
- Welche Gerüche steigen dir in die Nase?
- Was fühlst du?

Sammeln Sie die Eindrücke entweder an der Tafel oder lassen Sie sie die Schüler auf ein großes Plakat schreiben.

Das passende Lied

Suchen Sie aus einem Gesangsbuch ein Kirchenlied heraus, das das Thema des Bibeltextes aufgreift, und singen Sie es mit den Schülern (falls Sie kein passendes Kirchenlied finden, können Sie auch auf ein weltliches Lied zurückgreifen). Danach wird kurz über den Liedtext meditiert: Die Schüler nennen Begriffe oder Sätze, die beim Singen hängen geblieben sind, die ihnen gefallen, die sie verwirren usw. Stellen Sie anschließend die Frage: „Was könnte das Thema der heutigen Stunde sein?"

Zum Schluss der Stunde, nachdem sich die Klasse intensiv mit dem Bibeltext und seiner Bedeutung auseinandergesetzt hat, wird das Lied nochmals gesungen und die Schüler überlegen, ob ihnen jetzt andere Wörter oder Sätze wichtiger erscheinen bzw. ob sich inzwischen offene Fragen klären ließen etc.

> **Tipp:** Wenn Ihre Schüler nicht gern singen, können Sie den Liedtext auch einfach nur miteinander im Chor lesen.

Methoden zur Erarbeitung

Ziel dieser Methoden

In den folgenden Methoden für die Erarbeitungsphase geht es darum, dass die Schüler sich in verschiedenen Sozialformen **intensiv mit der jeweiligen Bibelstelle auseinandersetzen**, ihre **Botschaft entschlüsseln** und diese **auf die heutige Zeit übertragen**. So wird für die Jugendlichen die Relevanz des biblischen Textes für ihren Alltag sichtbar. Diese Auseinandersetzung darf **durchaus auch kritisch oder kontrovers** ausfallen – die Schüler sollten stets die Möglichkeit bekommen, auch ihre Einwände, ihre Widerstände zum Text bzw. zu dessen Botschaft zu äußern und einzubringen. Es ist wichtig, den Schülern zu verdeutlichen, dass es sich bei der Bibel um das Wort Gottes handelt, dem respektvoll und aufmerksam zu begegnen ist, an dem aber auch Kritik erlaubt ist. Ebenso sollte klar werden, dass die Texte und Botschaften der Bibel oft nicht einfach 1:1 auf die heutige Zeit übertragen werden können. Dabei wird den Schülern u. a. auch bewusst, dass viele Texte, die in der Bibel zu finden sind, Resultate mehrerer Überarbeitungs- und Redaktionsphasen sind. Im Unterschied zur Grundschule, wo der Fokus der Auseinandersetzung meistens ausschließlich auf den Geschichten liegt, sollte hier auch die „Metaebene" thematisiert werden: Machen Sie die Jugendlichen immer wieder darauf aufmerksam, dass die Bibel zwar das Wort Gottes ist, dass sie jedoch von Menschen verfasst wurde, die mit ihren Texten immer eine bestimmte Absicht verfolgten.

Tipps zum Einsatz

Grundsätzlich sollte es nicht das Ziel sein, dass die Schüler möglichst viele biblische Geschichten auswendig kennen, sondern dass sie deren Botschaft und Bedeutung für unsere heutige Lebenswelt mit möglichst vielen Sinnen erkennen und verinnerlichen. Planen Sie daher **ausreichend Zeit** für die Erarbeitungsmethoden ein, damit die Jugendlichen sich wirklich vertieft mit dem jeweiligen Text und seiner Aussage beschäftigen können, anstatt möglichst viele Bibelgeschichten abzuhandeln, die die Schüler dann nur oberflächlich kennenlernen und schnell wieder vergessen.

Details untersuchen

Jeder Schüler wählt aus dem Bibeltext ein bestimmtes Wort, ein Detail, zu dem er anschließend Recherchen anstellt (bspw. im Internet oder in Lexika) und ein Kurzreferat ausarbeitet (je nach technischer Ausstattung der Schule lässt sich diese Aufgabe auch in die Hausaufgabe verlegen). Bei der Weihnachtsgeschichte könnte z. B. nach „Engel" oder „Bethlehem" recherchiert werden. In leistungsschwächeren Klassen bietet es sich an, mögliche Recherchethemen bzw. -wörter zur Auswahl zu stellen, z. B. indem Sie sie an die Tafel schreiben, im an die Wand projizierten Bibeltext markieren oder auf vorbereiteten Zetteln austeilen.

> **Tipp:** Weisen Sie die Schüler darauf hin, dass sie sich bei ihren Recherchen auf den biblischen Kontext des Themas konzentrieren sollen (z. B. indem sie in der Online-Suchmaschine immer als Ergänzung den Begriff „Bibel" mit eingeben).

Schließlich präsentieren alle ihre Ergebnisse. Danach versuchen die Schüler, in einem Plenumsgespräch vor dem Hintergrund der in den Referaten erhaltenen Informationen die biblische Geschichte neu zu deuten.

Alternativen-Brainstorming

Fordern Sie die Schüler auf, über folgende Frage nachzudenken: In welchen anderen Kontexten könnte die in der biblischen Geschichte geschilderte Situation auch noch vorkommen? Die Jugendlichen schreiben ihre Ideen an die Tafel. Sobald diese gefüllt ist, werden die Ergebnisse gemeinsam genauer betrachtet und besprochen.
Anschließend wählt jeder Schüler eine der Alternativ-Situationen aus und schreibt die Geschichte für diese Situation um. Alternativ können sich die Schüler auch zu zweit zusammenfinden und die Geschichte mündlich umwandeln. In beiden Fällen wird zum Abschluss im Plenum besprochen, was an diesem Beispiel deutlich wird (u. a. dass die Aussage zeitlos/allgemeingültig ist).

Beispiel: *Die Speisung der 5000* (Johannes 6,1–15)

Mögliche Alternativ-Situationen:
- Klassenfahrt: Nicht alle haben daran gedacht, ein Picknick mitzunehmen ...
- Während in Deutschland Essen im Überfluss vorhanden ist, verhungern in Afrika viele Menschen ...
- Ein Millionär häuft immer noch mehr Geld an und seine Angestellten schuften für den Mindestlohn ...

Gegenbilder

Fordern Sie die Schüler auf, zu der behandelten Bibelgeschichte zwei Bilder mit gegensätzlicher Aussage zu zeichnen – bspw. zeigt das eine Bild die Geschichte so, wie sie im Text beschrieben wird, während das andere darstellt, wovor die Bibel mahnt (beim Gleichnis vom barmherzigen Samariter wäre auf einem Bild also zu sehen, wie der Samariter dem Verletzten hilft, und auf dem anderen, wie er ihn ignoriert), oder das eine Bild stellt die Aussage der Bibel dar und das andere die aktuelle Realität in unserer Gesellschaft. Die Zeichnungen werden als Galeriegang aufgehängt oder ausgelegt. Die Schüler betrachten die Bildpaare, wählen eines aus, das sie besonders anspricht, und notieren sich dazu ihre Eindrücke und Gedanken. Abschließend stellt jeder die von ihm gewählten Gegenpaare vor, wobei der Zeichner seine eigenen Gedanken ergänzen kann.

Schüler-Lehrer-Chat

Bei dieser Methode erarbeiten die Schüler selbstständig die Botschaft der gewählten Bibelgeschichte heraus, indem sie Sie in einem „Chat" mündlich oder schriftlich (an der Tafel) mit Fragen konfrontieren. In Partner- oder Gruppenarbeit überlegen sich die Schüler zunächst einen Fragenkatalog (z. B. Was ist das Besondere an Jesus Position? Warum konfrontiert der Mann Jesus mit dieser Frage? Warum haben Sie gerade diese Geschichte ausgewählt? etc.), dann wird der Chat durchgeführt. Während des Chats stellen die Jugendlichen der Reihe nach ihre Fragen und hören aufmerksam zu, was Sie antworten (in leistungsschwächeren Gruppen sollten Sie erlauben, dass die Schüler sich stichpunktartig Notizen machen). Anschließend werden die Antworten in den 2er-Teams bzw. Gruppen ausgewertet. Am Schluss werden die Ergebnisse im Plenum mündlich besprochen. Alternativ kann auch jeder Schüler in Einzelarbeit eine Zusammenfassung des Chats schreiben.

> **Tipp:** Bitten Sie die Schüler, möglichst offene Fragen zu formulieren!

Bible Play

Die Schüler setzen den Bibeltext in Gruppenarbeit als Rollenspiel (oder Hörspiel) um. Diese Methode eignet sich also vor allem für Bibelgeschichten, in denen mehrere Personen vor- und auch zu Wort kommen. Alle überlegen sich, wen sie spielen möchten, dann begründen sie ihre Wahl. Wenn sich mehrere Schüler für dieselbe Rolle entschieden haben, entscheidet das Los. Sie können die Jugendlichen auch ermuntern, verschiedene Varianten des Rollenspiels zu spielen, so kann jeder mehrere Rollen ausprobieren und die Geschichte aus unterschiedlichen Perspektiven erleben. Neben den verschiedenen Figuren kann es auch einen Sprecher bzw. Erzähler geben. Ermuntern Sie die Jugendlichen, sich passende Requisiten und Kostüme zu suchen oder zu basteln! Natürlich muss die Geschichte nicht 1:1 umgesetzt werden – die Schüler können sie z. B. auch in die Gegenwart übertragen.
Nachdem die Rollenspiele präsentiert wurden, sollte eine Feedbackrunde stattfinden: Was war die besondere Herausforderung bei der Umsetzung? Was haben die Schüler durch das Rollenspiel dazugelernt? Welches Detail aus der Geschichte ist ihnen sichtbarer geworden?

Aussagen bewerten

Bereiten Sie ein Arbeitsblatt vor, auf dem Sie verschiedene Aussagen zum Bibeltext und seiner Botschaft notieren.

Beispiel: *Die Huldigung der Sterndeuter* (Matthäus 2,1–12)

Mögliche Aussagen:

- „Die Sterndeuter haben drei wertvolle Geschenke mitgebracht."
- „Für die Sterndeuter war kein Weg zu weit, um Jesus zu besuchen."
- „Die Sterndeuter brachten sich in Gefahr."
- „Mit den Sterndeutern wird sichtbar: Menschen aus aller Welt kamen zu Jesus."
- „Die Sterndeuter wollten sich wichtig machen und sich mit Jesus gut stellen."

Nun erhalten die Schüler einzeln oder zu zweit eine Kopie der Aussagensammlung und lesen sie aufmerksam durch. Jede Aussage wird anschließend schriftlich oder mündlich kommentiert. Alternativ können Sie die Jugendlichen auch dazu auffordern, die Aussagen auszuschneiden und dann auf dem Tisch zu clustern oder zu priorisieren (z. B. die wichtigsten/treffendsten Aussagen oben, die weniger treffenden darunter). Dieses „Legebild" bildet dann die Grundlage für ein Partnergespräch über den Text. Die Schüler erhalten dafür den Auftrag, die Aussagen mit eigenen Statements zu ergänzen. Diese werden anschließend im Plenum präsentiert. Gleiche oder ähnliche Statements werden geclustert. Als zusätzliche Herausforderung könnte z. B. die Bedingung formuliert werden, dass am Schluss kein Statement allein stehen bleiben darf. Die Schüler müssen aber immer begründen, warum sie zwei Statements miteinander kombinieren!

Fragen beantworten

Kopieren Sie die KV auf S. 43 (oder im Download) so oft, dass nach dem Ausschneiden jeder Schüler einen Papierstreifen mit einer Erarbeitungsleitfrage erhält (es bekommen also mehrere Schüler dieselbe Frage). Zunächst versucht jeder für sich, seine Frage durch intensive Lektüre des Bibeltextes zu beantworten, und macht sich entsprechende Notizen. Danach finden sich alle Schüler, die dieselbe Leitfrage bearbeitet haben, zu Paaren bzw. Gruppen zusammen und vergleichen Ihre Antworten. Anschließend stellen die Schüler ihre Ergebnisse der Klasse vor.

Perspektivenwechsel

Bei dieser Methode geht es darum, dass die Jugendlichen den Bibeltext einmal nicht aus (ihrer persönlichen) Schülersicht lesen, sondern in eine andere Rolle schlüpfen, aus deren Perspektive sie den Text wahrnehmen und für sich beurteilen. Durch die Vielfalt an Perspektiven finden sie verschiedene Zugänge und erkennen, dass jeder Bibeltext für jede Person eine ganz eigene Wirkung, Aussage oder Brisanz haben kann. Jeder Schüler erhält ein Kärtchen, auf dem eine bestimmte Person steht (siehe KV „Personenkarten für den Perspektivwechsel" auf S. 44 und im Download; auf den leeren Kärtchen können Sie noch eigene, speziell zur gewählten Bibelgeschichte passende Ideen notieren – nicht jede Perspektive ist für jeden Bibeltext geeignet). Geben Sie den Jugendlichen Zeit, sich im Hinblick auf die Bibelgeschichte in die ihnen zugewiesene Person bzw. Perspektive hineinzudenken, und fordern Sie sie auf, den Text aus der neuen Rolle heraus zu lesen. Dabei machen sich die Schüler Gedanken über die folgenden Fragen:

- Wie reagiert diese Person auf diese Geschichte?
- Was löst die Geschichte bei dieser Person aus?
- Welche Konsequenzen hat sie für ihren Alltag?

Anschließend werden die Stühle im Raum immer so zu zweit zusammengestellt, dass sich zwei Schüler bequem unterhalten können. Jeder nimmt nach dem Zufallsprinzip Platz und erzählt seinem Gegenüber, wer er ist und welche Bedeutung die Geschichte für ihn hat. Nach ca. 5 Minuten werden die Gesprächspaare bunt durchmischt: Alle nehmen auf einem anderen Stuhl Platz und unterhalten sich mit dem neuen Partner. Dies kann je nach zur Verfügung stehender Zeit beliebig oft wiederholt werden.

Schließlich erfolgt im Plenum die Auswertung. Ist es den Schülern leicht- oder schwergefallen, sich in die Rollen einzufinden und den Text aus dieser Perspektive zu lesen? Was haben sie dabei erfahren, was ist ihnen bewusst geworden?

Botschaftscollage

Die Schüler erhalten verschiedene Prospekte und Zeitschriften sowie Scheren und Kleber und versuchen, die Botschaft des Bibeltextes in Form einer Collage darzustellen. Dazu können sowohl Textfragmente oder einzelne Buchstaben als auch Fotos ausgeschnitten und neu zusammengestellt werden. Hier sind der Fantasie keine Grenzen gesetzt!

Die Collagen werden in einer Vernissage präsentiert, wobei jeder Schüler sein Ergebnis kurz mündlich vorstellt. Alternativ können Sie auch jedem Schüler einen weißen Papierstreifen geben. Nun bekommt jeder den Auftrag, einen Titel bzw. eine Schlagzeile für die Collage eines Mitschülers zu formulieren und über die Collage zu hängen. Der Urheber der Collage nimmt Stellung: Ist er mit dem Titel bzw. der Schlagzeile einverstanden? Oder wie hätte er selbst den Titel formuliert? Eine dritte Möglichkeit besteht darin, dass die Schüler individuell durch die Vernissage spazieren und ihre Eindrücke anschließend in einem kurzen Text festhalten.

Bibel-Café

Die Schüler setzen sich an vier bis fünf Gruppentischen zusammen. Auf jedem der Tische liegen ein leeres Plakat (ca. DIN A3 oder A2) sowie farbige Filzschreiber bereit (jede Gruppe hat eine andere Farbe). Nun bekommen die Schüler fünf bis zehn Minuten Zeit, um sich über den Bibeltext und seine Bedeutung für unsere heutige Lebenswelt auszutauschen. Dabei notiert jede Gruppe ihre Eindrücke, Ideen, Vermutungen usw. auf dem Plakat.

Anschließend wechseln die Schüler ihren Sitzplatz; das heißt, jede Gruppe setzt sich an einen anderen „Café-Tisch". Dort liest sie sich die Notizen der Vorgänger durch und ergänzt diese bei Bedarf. Sobald jede Gruppe zu ihrem Ursprungstisch zurückgekehrt ist, stellt sie das dortige Plakat mit den gesammelten Ergebnissen dem Plenum vor.

Lassen Sie zur Reflexion außerdem die folgenden Fragen diskutieren: Hattet ihr das Gefühl, alle Gruppen haben dieselben Dinge aufgeschrieben, oder gab es neue Entdeckungen, als ihr die Tische gewechselt habt? Was habt ihr bei eurem Café-Rundgang gelernt?

Bibelstationen

Bereiten Sie verschiedene Lernstationen mit Fragen und Arbeitsaufträgen zu dem gewählten Bibeltext vor.

Beispiel: *Auszug der Israeliten aus Ägypten* (Exodus 6,2–13,22)

Mögliche Stationen:
- **Station 1:** Fasse schriftlich kurz zusammen, warum die Israeliten in Ägypten nicht glücklich waren.
- **Station 2:** Mit welchen Menschen aus der Gegenwart könnte man Mose vergleichen? Notiere mindestens zwei Personen und begründe deine Vorschläge.
- **Station 3:** Wie würde der Auszug der Israeliten heute ablaufen? Formuliere einen Gegenwartsbericht.
- **Station 4:** Wie erinnern sich die Israeliten viele Jahre nach dem Auszug an ihre Zeit in Ägypten? Formuliere in mindestens fünf Sprechblasen verschiedene Statements.
- **Station 5:** Rechercheauftrag: Wo gibt es heute Menschen, die wie Sklaven gehalten werden? Überlege dann: Inwiefern sind wir alle „Sklaven"?

Die Schüler wandern von Station zu Station und bearbeiten diese selbstständig – allein, zu zweit oder in Kleingruppen. Auch die Auswertung wird von den Schülern organisiert: Je eine Gruppe präsentiert die Ergebnisse einer Station bzw. trägt die Ergebnisse der anderen Schüler zusammen.

Methoden zur Erarbeitung

KV: Erarbeitungsleitfragen

Seite 043_Fragen beantworten_Erarbeitungsleitfragen.pdf

Erarbeitungsleitfragen

 Welche Personen kommen in der Geschichte vor?

Welche Personen kommen indirekt in der Geschichte vor (zum Beispiel indem über sie gesprochen wird)?

 Was ist das Überraschende/das Unerwartete an diesem Text?

 Worauf macht der Text aufmerksam?

 Was ist typisch „biblisch" in dem Text?

 Welche Fragen bleiben in dem Text offen?

 Was habe ich Neues erfahren, wenn ich den Text gelesen habe?

 Wie lässt sich der Text in einem Satz zusammenfassen?

Die Bibel für Schüler lebendig machen © Verlag an der Ruhr | Autor: S. Sigg | Abbildung: © A. Boretzki | ISBN 978-3-8346-3055-1

Motivierende Ideen und Methoden zur Bibelarbeit

KV: Personenkarten für den Perspektivwechsel

Personenkarten für den Perspektivwechsel

ein Schwerverbrecher	ein Umweltschützer
jemand, der unglücklich verliebt ist	jemand, der sehr gestresst ist
ein Kind	jemand, der einsam ist
jemand, der gierig nach Erfolg ist	jemand, der an einer Krankheit leidet
ein Multimillionär	ein Bettler
ein erfolgreicher Schauspieler	jemand, der im Rollstuhl sitzt
ein Chef von 100 Mitarbeitern	ein durchtrainierter Fitness-Junkie

Die Bibel für Schüler lebendig machen © Verlag an der Ruhr | Autor: Stephan Sigg | ISBN 978-3-8346-3055-1 | www.verlagruhr.de

Methoden zur Sicherung/ zum (Stunden-)Abschluss

Ziel dieser Methoden

Die Anregungen in diesem Abschnitt zielen darauf ab, dass die Schüler auf die Stunde zurückblicken, die erarbeiteten Ergebnisse zusammenfassen und evtl. festhalten. Gerade auch die Bedeutung der Bibeltexte für den Alltag der Schüler (Praxistransfer) sollte abschließend nochmals verdeutlicht werden, um die Einheit damit bewusst abzuschließen.

Tipps zum Einsatz

Reservieren Sie für die Abschlussmethoden ausreichend Zeit, denn um die erarbeiteten Inhalte wirklich zu sichern und langfristig festzuhalten, ist es wichtig, die Stunde in Ruhe und mit Bedacht abzuschließen (evtl. verbunden mit einem Ritual), anstatt überhastet abbrechen zu müssen, wenn die Glocke das Ende der Stunde ankündigt. Es bietet sich dabei an, den Stundenabschluss mit einem Ritual zu verbinden, das die Schüler auf das Ende einstimmt und den Unterricht immer gleich abrundet (z. B. indem Sie oder ein Schüler zum Schluss der Stunde ein Gebet vorlesen/vorliest, indem jedes Mal ein anderer Schüler mündlich einen kurzen Stundenrückblick zusammenfasst und sein persönliches „Highlight" sowie sein „Lowlight" nennt oder indem Sie eine abschließende Stillephase einführen, in der alle ein zum Thema passendes Bild betrachten).

Von A bis Z

Drucken Sie alle Buchstaben des Alphabets einzeln auf buntes DIN-A5- oder A4-Papier aus und laminieren Sie die Zettel, damit Sie sie immer wieder verwenden können. Verteilen Sie die Buchstaben zum Stundenabschluss kreuz und quer auf dem Boden und lassen Sie die Schüler eine Weile zwischen den

Buchstaben umherspazieren. Dabei sollen sie sich noch einmal den Inhalt und die Botschaft des behandelten Bibeltextes durch den Kopf gehen lassen. Sobald Sie das vereinbarte akustische Signal geben (z. B. mit einem Gong), wählt jeder Schüler einen Buchstaben aus und nimmt ihn in die Hand. Von A bis Z nennt nun jeder einen Begriff oder formuliert einen Satz, der mit dem gewählten Buchstaben beginnt und zum Textinhalt oder zu einer Erkenntnis aus der Erarbeitungsphase passt.

Beispiel: *Von Reichtum und Nachfolge* (Lukas 18,18–30)

A = Am Anfang war der reiche Jüngling noch sehr neugierig.
B = Begegnung/begegnet: Der reiche Jüngling begegnet eines Tages Jesus und hat viele Fragen an ihn.
C = …

> **Tipp:** Wenn Sie zwei ABC-Sets erstellen, haben die Schüler mehr Auswahl, weil dann zwei von ihnen den gleichen Buchstaben wählen können.

Botschaft twittern

Fordern Sie die Schüler auf, die herausgearbeitete Botschaft des besprochenen Bibeltextes in nur 140 Zeichen (Länge eines Tweets) oder alternativ 160 Zeichen (Länge einer SMS) zusammenzufassen.

> **Tipp:** Wenn Sie den Schülern erlauben, die Zusammenfassung mit ihrem Handy zu schreiben, werden die Zeichen automatisch gezählt – so bekommen die Schüler schnell ein Gespür dafür, wie viel sie schreiben können, und verlieren keine Zeit dadurch, ständig nachzählen zu müssen. Um den Tweet oder die SMS zu archivieren, können die Schüler den finalen Text am Ende abschreiben.

Abschließend lesen alle hintereinanderweg ihre Tweets oder SMS vor.

Persönliche ToDo-Liste

Jeder Schüler leitet für sich aus der erarbeiteten Botschaft des Bibeltextes drei konkrete Aufträge oder ToDos ab, die sich für seinen Alltag ergeben – die Jugendlichen stellen sich also der Frage: Was nehme ich von dem Bibeltext mit und wie kann ich seine Botschaft umsetzen bzw. danach handeln? Diese drei Punkte werden dann nach Wichtigkeit sortiert (1., 2., 3.), d. h., die Schüler entscheiden, welchen Punkt sie als am bedeutendsten erachten und am meisten verfolgen wollen. So erstellt jeder für sich eine persönliche ToDo-Liste. Diese kann bspw. auf einen DIN-A5- oder -A6-Zettel in Schönschrift notiert und später zusammengefaltet im Portemonnaie aufbewahrt werden. Abschließend stellen alle ihre Listen kurz vor.

Beispiel: *Du sollst den Feiertag heiligen – das dritte Gebot* (Exodus 20,8–11)

Meine ToDo-Liste

1. Den nächsten Sonntag mit meiner Familie verbringen
2. Am nächsten Sonntag mal jemanden anrufen oder jemandem eine Message schicken, den ich schon länger nicht mehr gesehen habe
3. Auf die vergangene Woche zurückblicken: Was hat mich glücklich gemacht?

Quizfragen erstellen

Jeder Schüler überlegt sich eine Quizfrage zum Inhalt des besprochenen Bibeltextes bzw. der Stunde und notiert diese auf einer Karteikarte oder einem Zettel. Alle Fragen werden eingesammelt und an der Tafel befestigt (oder in der Mitte des Raums auf den Boden gelegt) – bei leistungsstarken Klassen verdeckt, bei leistungsschwächeren Lerngruppen unverdeckt. Nun kommt nacheinander jeder Schüler einzeln nach vorn, wählt eine Karte/einen Zettel aus, liest die Quizfrage laut vor und nennt die Antwort. Wenn jemand die Antwort nicht weiß oder sich nicht ganz sicher ist, darf er die Mitschüler um Hilfe bitten. Alternativ können die Schüler auch eine richtige oder falsche Aussage zum Bibeltext und seiner Botschaft formulieren. Anschließend liest jeder seine Aussage vor und die anderen müssen sagen, ob die Aussage richtig oder falsch ist.

Abschlusssatz

Markieren Sie mit Klebeband drei Felder auf dem Boden, die Sie jeweils mit einem Zettel beschriften:

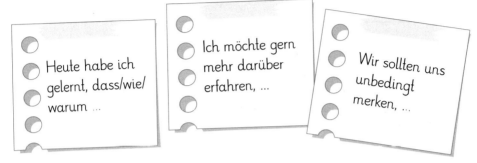

Fordern Sie die Jugendlichen auf, sich in eines der Felder zu begeben (evtl. ist es sinnvoll, eine maximale Personenzahl pro Feld anzugeben, damit sich nicht alle in dasselbe Feld stellen). Die Schüler innerhalb eines Feldes erklären sich zunächst gegenseitig, wie sie den Satz vervollständigen würden, und begründen ihre Wahl. Anschließend stellen alle ihren vollständigen Satz der ganzen Klasse vor.

Im Adjektive-und-Verben-Pool

Bereiten Sie verschiedene Karteikarten oder Zettel vor, auf die Sie je ein Verb oder ein Adjektiv schreiben, das zu der thematisierten Bibelstelle passt. Es sollten mindestens so viele Wörter sein, wie Schüler in der Klasse sind. Verteilen Sie die Wortkarten kreuz und quer auf dem Boden. Die Schüler spazieren dazwischen umher. Jeder wählt ein Wort aus, nimmt es in die Hand und formuliert zum Inhalt oder zur Botschaft des Bibeltextes einen Satz, in dem das jeweilige Verb oder Adjektiv vorkommt.

Beispiel: *Auszug der Israeliten aus Ägypten* (Exodus 6,2–13,22)

Mögliche Begriffe:

Mögliche Sätze:
- Als die Soldaten des Pharaos am Horizont auftauchten, rannten die Israeliten los.
- Am Anfang der Reise waren die Israeliten noch optimistisch, aber mit jedem Tag, der verging, murrten sie noch lauter.
- Mose führte die Israeliten an.

> **Tipp:** Bei leistungsstarken Klassen können Sie diese Methode mit einem „Domino" verbinden: Die Schüler überlegen sich während der Präsentation der Sätze eine sinnvolle Reihenfolge der gewählten Begriffe – hat z. B. der erste Schüler etwas zum Wort „gefangen" gesagt, könnte derjenige Schüler folgen, der das Gegenteil ausgewählt hat, also die Wortkarte „frei".

Ausgewürfelt

Erstellen Sie mithilfe der KV auf S. 52 (oder im ⬇ Download) einen Würfel, auf dessen Seiten verschiedene Satzanfänge/Impulse stehen.

> **Tipp:** Alternativ können Sie auch einen herkömmlichen Würfel mitbringen und die „Legende" für die Augenzahl an der Tafel notieren:
>
> ⚀ = Darauf möchte uns Jesus/Gott aufmerksam machen …
>
> ⚁ = Darauf sollten wir verzichten …
>
> ⚂ = Diese Geschichte sollten möglichst viele Menschen kennen, weil …
>
> ⚃ = Wenn ich an die Geschichte denke, dann sehe ich vor mir …
>
> ⚄ = Wenn ich an die Geschichte denke, dann höre ich …
>
> ⚅ = Diese Geschichte motiviert zu …

Alle Schüler setzen oder stellen sich im Kreis auf und der Würfel wird herumgereicht. Jeder würfelt einmal vor sich auf dem Boden und vervollständigt passend zum behandelten Bibeltext den Satz bzw. formuliert eine Aussage zu dem Impuls, den der Würfel anzeigt. Weisen Sie die Schüler vorab darauf hin, dass jede Aussage nur einmal formuliert werden darf! Jeder muss sich also etwas Eigenes ausdenken.

Ein Satz zum Mitnehmen

Sammeln Sie im Plenum die wichtigsten Kernsätze der behandelten Bibelgeschichte bzw. deren Botschaft und notieren Sie diese an der Tafel. Geben Sie anschließend jedem Schüler einen Klebezettel. Darauf schreibt nun jeder in seiner schönsten Schrift einen der Kernsätze.
Die fertigen Klebezettel werden nun mit dem Nachbarn getauscht (oder nach dem Zufallsprinzip einem anderen Mitschüler geschenkt) und die Jugendlichen nehmen die Sätze mit nach Hause, wo sie sie irgendwo in ihrem Zimmer festkleben können.

> **Tipp:** Wenn Sie mehr Zeit zur Verfügung haben, können Sie mit Ihren Schülern auch andere, etwas aufwändigere Give-aways mit einem „Satz zum Mitnehmen" herstellen. Dabei kann der Satz auch mit einer bildlichen Darstellung verbunden werden. Möglich sind bspw. laminierte DIN-A3-Blätter als Tischsets, schön gestaltete Lesezeichen, beschriftete/bemalte Blumen-Übertöpfe etc.

Lesezeichen

Wenn Sie während eines Schuljahres in einer Klasse mit immer demselben Satz Bibeln arbeiten (und dieser idealerweise nicht auch von anderen Klassen verwendet wird, oder nur von einer von Ihnen selbst unterrichteten Parallelklasse), können Sie die Schüler nach jedem besprochenen Bibeltext ein

Lesezeichen basteln lassen. Dafür benötigen Sie lediglich weißen oder verschiedenfarbigen Fotokarton, den Sie vorab in Streifen schneiden, und eventuell einen Locher und bunte Wolle.

Haben Sie in einer Stunde einen bestimmten Text aus der Bibel besprochen, schreibt am Ende jeder Schüler in Schönschrift auf einen Fotokarton-Streifen die Überschrift der Geschichte und die Bibelstelle und notiert auf der Rückseite eine Kernaussage zum Inhalt oder zur Botschaft. Ebenso kann ein passendes Bild gemalt und überhaupt beide Seiten schön gestaltet werden. Falls gewünscht, können die Jugendlichen auch ein paar Wollfäden an einem Ende befestigen.

Anschließend legt jeder Schüler sein fertiges Lesezeichen an der entsprechenden Stelle in die Bibel.

So wird im Laufe des Schuljahres sichtbar, wie viele Geschichten schon thematisiert wurden, und die Schüler können sich zu den einzelnen Passagen schnell wieder ins Gedächtnis rufen, worum es dabei ging. Darüber hinaus bekommen die Jugendlichen auf diese Art ein gutes Gespür für den Aufbau der Bibel.

Wäscheleine

Als Alternative zur Methode „Lesezeichen" (siehe oben) können Sie auch über das Schuljahr hinweg eine „Wäscheleine" im Klassenzimmer füllen: Dazu wird jede behandelte Bibelstelle am Ende der jeweiligen Stunde auf einem Zettel notiert und mit einer Wäscheklammer auf eine zu Beginn des Schuljahres gespannte Leine geheftet. Am Ende des Schuljahres wird die „Wäsche abgenommen": Die Klasse wird in so viele Kleingruppen geteilt, wie Bibeltexte behandelt wurden, und jede Gruppe nimmt ein „Wäschestück" von der Leine. Die Schüler rufen sich innerhalb der Gruppen in Erinnerung, worum es in dem jeweiligen Bibeltext geht und was damals dazu besprochen wurde. Anschließend stellt jede Gruppe den anderen ihr „Wäschestück" mit einer kurzen Zusammenfassung vor.

KV: Ausgewürfelt – Würfelvorlage

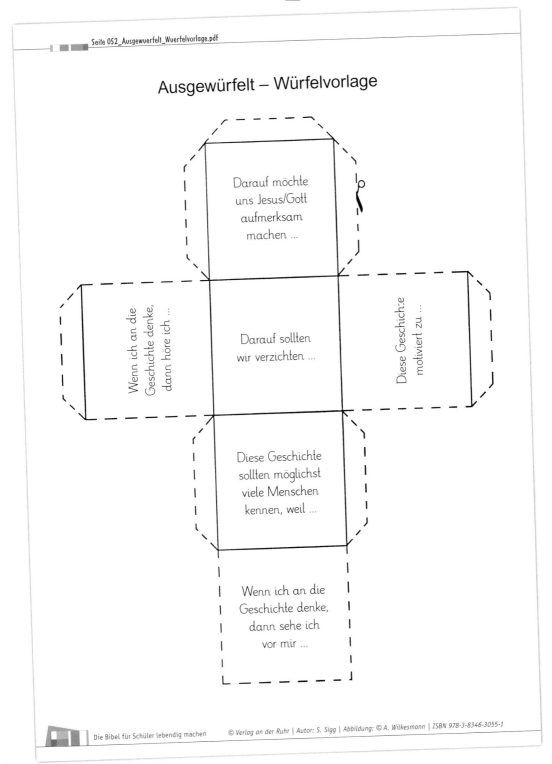

Teil II – Konkrete Ideen zu 25 ausgewählten Bibelstellen

Teil II

Kain und Abel

(Genesis 4,1–16)

Worum geht's?

Themen: (Geschwister-)Konflikte, Umgang mit Neid und Eifersucht

Textgattung: Gesetzesbücher, Erzählung

Hintergrund: Kain, der erstgeborene Sohn von Adam und Eva, war eifersüchtig auf seinen Bruder Abel, weil Gott dessen Opfer vorzog. Er ignorierte die Warnungen Gottes und erschlug vor lauter Wut seinen Bruder. Daraufhin wurde Kain von Gott verstoßen.

Bedeutung/Interpretation: Abgesehen davon, dass mit der Geschichte deutlich wird, dass es auch innerhalb von Familien zu Konflikten kommen kann bzw. dass gerade dort das Konfliktpotenzial groß ist, zeigt sie vor allem, welche zerstörerische Kraft Eifersucht haben kann. Ebenso verdeutlicht die Reaktion Gottes, wie schwerwiegend in seinen Augen das Vergehen Kains ist: Mord und Totschlag sind für Gott ein Gräuel. Dies wird später noch einmal explizit im fünften Gebot formuliert (Exodus 20,13).

Querbezug zur Lebenswelt der Schüler: Eifersucht und Neid kennen auch die Jugendlichen – vielleicht sogar innerhalb der Familie zwischen ihren Geschwistern. Sicherlich hatte jeder schon einmal das Gefühl, gegenüber dem Bruder oder der Schwester benachteiligt worden zu sein, oder hat die Geschwister um ein tolles Spielzeug, ein Talent oder die Erlaubnis, länger wach bleiben zu dürfen, beneidet. Es ist wichtig, sich mit diesen Gefühlen bewusst auseinanderzusetzen, um deren Ursachen zu erkennen und Wege zu finden, sie zu bewältigen.

Unterrichtsideen

Ideen zum Einstieg

- Führen Sie mit der ganzen Klasse im *Plenum* ein **Brainstorming** durch: Notieren Sie in der Mitte der Tafel untereinander die folgenden Fragen:

Die Bibel für Schüler lebendig machen

- ⮕ Was kann deine Schwester/dein Bruder besser?
- ⮕ Was hat sie/er, was du auch gern hättest bzw. worum beneidest du sie/ihn?

Lassen Sie zwei bis drei Kreiden zirkulieren und bitten Sie die Schüler, nach vorn zu kommen und rund um die Fragen zu notieren, was ihnen dazu einfällt. Für die Einzelkinder in der Klasse können Sie den Hinweis geben, dass diese an einen guten Freund/eine gute Freundin denken sollen. Sobald möglichst jeder etwas an die Tafel geschrieben hat, erfolgt eine kurze mündliche Auswertung, indem Sie gemeinsam mit den Schülern überlegen, ob sich die Antworten kategorisieren lassen. Gibt es vielleicht eine Antwort bzw. ähnliche Antworten, die besonders häufig vorkommen? Leiten Sie dann zu der Frage über, welche Gefühle die Schüler haben, wenn sie an die Dinge denken, die sie an der Tafel notiert haben.

- Zeigen Sie ein 🎬 **Video eines aktuellen YouTubers** – YouTuber sind Jugendliche, die auf YouTube® einen eigenen Kanal haben und regelmäßig neue Videos online stellen, die sie für andere Jugendliche aufnehmen. Viele von ihnen haben auch Beiträge, in denen sie sich mit ihren **Geschwistern** beschäftigen. Ein prominentes Beispiel sind die Zwillinge „DieLochis". Notieren Sie vorab die folgenden Beobachtungsfragen an der Tafel:
  - ⮕ Was erfahren wir über das Verhältnis der Geschwister in diesem Video?
  - ⮕ Erkennt ihr Gemeinsamkeiten mit eurem eigenen Verhältnis zu euren Geschwistern?

  Sammeln Sie anschließend die Eindrücke im *Plenum* und lassen Sie die Schüler sich darüber austauschen, ob und wie häufig es Streitereien zwischen ihnen und ihren Geschwistern gibt.

- Die Schüler erstellen in *Einzelarbeit* eine **Liste** zu der Frage: „Warum kommt es zwischen dir und deinen Geschwistern zu Konflikten?" Danach werden die notierten **Ursachen für Konflikte priorisiert**, indem die Schüler sie von 1 (= am häufigsten) bis X (= am seltensten) durchnummerieren. Die Listen werden beiseitegelegt und am Ende der Stunde noch einmal zur Hand genommen: Dann überlegen sich die Schüler, wie sie die drei häufigsten Konfliktursachen künftig verhindern können.

- Schreiben Sie folgenden **Satzanfang** an die Tafel: „Ich wäre gern meine Schwester/mein Bruder, weil ..." Diesen Satz **vervollständigen** die Schüler in *Einzelarbeit* auf einem Zettel. Alle stellen sich im Kreis auf und lesen der Reihe nach ihre Sätze vor. Diejenigen, die ähnliche Begründungen angegeben haben, finden sich in einer Gruppe zusammen, sodass vier bis fünf Kleingruppen entstehen. In *Gruppenarbeit* diskutieren die Schüler, warum sie gerade dieses Beispiel aufgeschrieben haben.

Ideen zur Besinnung/Meditation

Kleben Sie auf den Boden eine große **Spirale** aus Klebeband. Wenn die Möglichkeit besteht, lohnt es sich, diese Übung auf dem Schulhof, in der Pausenhalle oder in der Aula durchzuführen, um mehr Platz zur Verfügung zu haben. Die Spirale stellt den bisherigen **Lebensweg** der Schüler dar, den diese **abgehen** sollen. Markieren Sie dafür zuvor verschiedene Lebensabschnitte in der Spirale (durch Schilder oder indem Sie mit Kreide auf den Boden schreiben), z. B.:

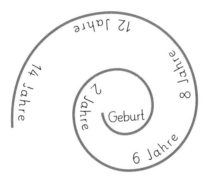

Die Schüler beginnen etwas zeitversetzt in der Mitte der Spirale und spazieren langsam nach außen. Bei jedem Abschnitt machen Sie sich Gedanken über die folgenden Leitfragen:
- Wo waren meine Geschwister zu der Zeit?
- Welche positiven und welche negativen Erfahrungen habe ich mit meinen Geschwistern gemacht?
- Welche Konflikte/Streitereien habe ich mit meinen Geschwistern erlebt?

Nachdem alle die Spirale ganz abgelaufen sind, positioniert sich jeder Schüler an einem Lebensabschnitt seiner Wahl. Nacheinander berichtet jeder, was ihm zum gewählten Abschnitt aus seinem Leben mit seinen Geschwistern eingefallen ist.

Wenn der Platz fehlt oder zu wenig Zeit vorhanden ist, können Sie das Labyrinth auch auf einem Arbeitsblatt verteilen, auf dem die Schüler dann zu jedem markierten Lebensabschnitt ihre Erinnerungen und Gedanken notieren.

Ideen zur Erarbeitung

- Lassen Sie die Jugendlichen herausarbeiten, welche Gefühle in der Bibelgeschichte vorkommen: Teilen Sie jedem Schüler das Arbeitsblatt „**Gefühlsbarometer**" (siehe KV auf S. 60 und im ⬇ Download) aus, das zunächst in *Einzelarbeit* ausgefüllt wird.
  Anschließend tauschen sich die Schüler in *Partnerarbeit* über ihre Ergebnisse aus, begründen ihre Einschätzungen und grenzen bei Unklarheiten die verschiedenen Gefühle voneinander ab.
  Schließlich werden die Gefühlsbarometer im *Plenum* präsentiert. Leiten Sie dann zu der Frage über, welche Gefühle allgemein Indikatoren für Eifersucht sind. Welche Gedanken gehen einem in solch einer Situation durch den Kopf? Woran erkenne ich, dass ich eifersüchtig bin? Verdeutlichen Sie den Schülern, dass man seine Eifersucht erst einmal erkennen muss, bevor man sie bewältigen kann!
- Fordern Sie die Schüler auf, sich in Kain hineinzuversetzen: Was ist ihm vor dem Mord wohl alles durch den Kopf gegangen? Markieren Sie dafür zunächst mit Klebeband eine Zeitleiste auf dem Boden, auf der verschiedene Zeitabschnitte gekennzeichnet sind:

  (Alternativ können Sie die Zeitleiste auch mit Kreide an die Tafel zeichnen.)
  Jeder Schüler formuliert nun in *Einzelarbeit* für jeden der Zeitabschnitte **Kains Gedanken aus der Ich-Perspektive**. Machen Sie die Schüler ggf. darauf aufmerksam, dass dabei sichtbar werden sollte, wie die negativen Emotionen immer größer werden.
  Die Ergebnisse werden im *Plenum* gesammelt, indem jeder Schüler einen Zeitabschnitt wählt und sich zu diesem auf der Zeitleiste positioniert. Dann werden nacheinander die jeweiligen Gedanken an den einzelnen Abschnitten vorgelesen.
- Lassen Sie die Schüler verschiedene **Verhaltensmöglichkeiten in einem Rollenspiel ausprobieren**: Was tun, wenn man neidisch auf seine Geschwister ist? Zuerst sammeln die Jugendlichen in *Partnerarbeit* möglichst unterschiedliche Ideen, wie eine Situation zwischen Geschwistern verlaufen kann, wenn Neid aufkommt. Jedes Paar wählt eine Möglichkeit aus und

stellt diese in einem Rollenspiel im *Plenum* dar. Die anderen Mitschüler schauen zu und geben anschließend ein Feedback:
- ➲ Kennen sie diese Verhaltensweisen aus eigener Erfahrung?
- ➲ Was sind die Chancen dieser Variante?
- ➲ Was sind die Gefahren?
- ➲ Wurde hier ein Verhalten gezeigt, das ein gutes Beispiel ist, um mit Neid bzw. einem aus Neid entstandenen Konflikt umzugehen?

Ideen zur Sicherung/zum Abschluss

- Bereiten Sie DIN-A4-Zettel vor, auf die sie groß einzelne **Situationen** notieren, **die für Geschwister Konfliktpotenzial** bergen, z. B.:

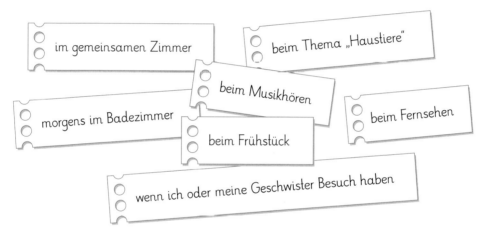

Legen Sie die Zettel auf dem Boden aus und geben Sie den Jugendlichen etwas Zeit, zwischen ihnen hin und her zu spazieren. Fordern Sie die Schüler auf, sich zunächst in *Einzelarbeit* vorzustellen, was für Konflikte in den Situationen entstehen können.
Nach ein paar Minuten finden sich die Schüler zu zweit zusammen und erarbeiten in *Partnerarbeit* **Verhaltenstipps**, wie in den verschiedenen Situationen **Konflikten vorgebeugt** werden kann. Schließlich werden im *Plenum* die Vorschläge gesammelt: Heften Sie dazu die Situationszettel an die Tafel und notieren Sie daneben die erarbeiteten Tipps der Schüler.
- Alle Schüler schreiben in *Einzelarbeit* auf einen Zettel, was sie sich für den **Umgang mit ihren Geschwistern** (alternativ: mit einem guten Freund) künftig vornehmen (bei leistungsschwächeren Klassen empfiehlt es sich, ein Beispiel zu nennen, wie: „Ich möchte meine Schwester künftig ausreden lassen und ihr nicht mehr ins Wort fallen"). Die Zettel mit den **guten**

Vorsätzen werden in Briefumschläge gesteckt. Die Umschläge werden mit den Namen der Verfasser beschriftet und von Ihnen eingesammelt. Nach ein bis zwei Monaten erhalten die Schüler die Umschläge zurück: Haben sie ihre Vorsätze umsetzen können?

- Machen Sie den Schülern deutlich, dass oft auch die **Eltern, Großeltern** usw. eine Rolle dabei spielen, wenn zwischen Geschwistern Neid und Eifersucht entsteht. Fordern Sie die Jugendlichen auf, sich dazu in *Partnerarbeit* konkrete Situationen zu überlegen. Diese werden auf einzelne Zettel notiert und an einer Wäscheleine, die quer durch das Klassenzimmer gespannt wird, aufgehängt. Regen Sie die Schüler an, ihre Familien auf diese Aspekte aufmerksam zu machen!

Möglichkeiten der Weiterführung

Biblisch: *Maria und Marta* (Lukas 10,38–42), *Die Zehn Gebote* (Exodus 20,1–21), insbesondere das neunte und zehnte Gebot

Thematisch: Neid und Eifersucht, Zusammenleben in der Familie, Streit und Vergebung

Ideen für besondere Projekte

Unter dem Motto „Danke, dass du meine Schwester/mein Bruder bist!" schreiben die Schüler einen **Brief an ihre Geschwister**, in dem sie erklären, was diese ihnen bedeuten (eventuell basteln sie auch ein Geschenk dazu). Ermuntern Sie die Schüler, den Brief tatsächlich abzuschicken bzw. zu überreichen!

KV: Gefühlsbarometer

Gefühlsbarometer

Welche Gefühle kommen in der Geschichte vor? Überlege für jedes der unten aufgeführten Gefühle, ob es in dem Text eine Rolle spielt und, wenn ja, wie viel davon vorkommt oder wie stark dieses Gefühl in der Geschichte ist. Male entsprechend von links nach rechts die Balken aus: Je mehr Felder bei einem Gefühl ausgefüllt sind, desto stärker ist es vertreten.

Wut
gar nicht — sehr viel

Angst
gar nicht — sehr viel

Trauer
gar nicht — sehr viel

Freude
gar nicht — sehr viel

Reue
gar nicht — sehr viel

Gier
gar nicht — sehr viel

Hoffnung
gar nicht — sehr viel

Hass
gar nicht — sehr viel

Überforderung
gar nicht — sehr viel

Verweiflung
gar nicht — sehr viel

Der Turmbau zu Babel

(Genesis 11,1–9)

Worum geht's?

Themen: der Mensch in Freiheit und Verantwortung, Größenwahn/ Selbstüberschätzung, Ehrgeiz, Bedeutung von Kommunikation

Textgattung: Erzählung

Inhalt/Hintergrund: Obwohl die Geschichte vom Turmbau zu Babel nur sehr knapp erzählt ist, gehört sie heute zu einer der bekanntesten. Sie ist auch ein beliebtes Motiv in der Kunst. Die Erzählung ist die letzte von mehreren Verfehlungsgeschichten: Ein Volk im Osten will eine Stadt und einen Turm bauen, dessen Spitze bis zum Himmel reichen soll. Es scheint fast so, als könnten die Menschen alles erreichen, was sie sich in den Kopf setzen. Doch ihr Plan misslingt – Gott stoppt sie in ihrem Vorhaben.

Bedeutung: Die Geschichte vom Turmbau zu Babel zeigt, was passiert, wenn Menschen das Maß verlieren. Ein gigantisches Vorhaben – die Menschen wollen einen Turm bauen, der bis zum Himmel ragt, also größer ist als Gott – scheitert kläglich. Gott macht den Menschen einen Strich durch die Rechnung, indem er für eine Sprachenverwirrung sorgt: Die Menschen verstehen sich nicht mehr. So wird in der Geschichte auch deutlich, wie wichtig eine funktionierende Kommunikation für unsere Gesellschaft ist.

Querbezug zur Lebenswelt der Schüler: Gerade in einer Zeit, die von Fortschritt und vielen technischen Revolutionen geprägt ist und in der die „schneller, höher, weiter"-Mentalität überall zunimmt, ist es wichtig, trotzdem nicht aus den Augen zu verlieren, wo die (eigenen) Grenzen liegen, und seine Fähigkeiten nicht zu überschätzen. Auch in den Interessensbereichen der Jugendlichen gibt es zahlreiche Beispiele, in denen Menschen das Maß verlieren und übertreiben, z. B. wenn einem Rockstar oder Schauspieler der Erfolg zu Kopf steigt.

Unterrichtsideen

Ideen zum Einstieg

- Schreiben Sie die **Behauptung** „Menschen, die sich selbst überschätzen, sind eine Gefahr für sich und für die anderen" in Einzelteilen auf mehrere DIN-A4-Zettel – z. B. mit folgender Trennung:

  Menschen, die / sich selber / überschätzen / sind eine Gefahr / für sich / und / für die anderen

  Legen Sie die Zettel unsortiert im Klassenraum aus und fordern Sie die Schüler auf, die Satzteile in die Hand zu nehmen und sich dann so nebeneinander aufzustellen, dass der Satz vollständig und die einzelnen Teile **in der richtigen Reihenfolge** stehen (die Schüler, die keinen Zettel in der Hand haben, helfen bei der richtigen Aufstellung mit). Besprechen Sie dann im *Plenum* die Bedeutung des Satzes und lassen Sie die Schüler Beispiele dafür finden.

- Tragen Sie den Schülern die Geschichte vor und fordern Sie sie anschließend auf, in *Gruppenarbeit* passende **Beschreibungen (Adjektive) für die Turmbauer von Babel** zu suchen. Die Gruppen schreiben ihre Ideen auf ein Plakat und präsentieren dieses anschließend im *Plenum*.

- In der Mitte auf dem Boden liegt ein Blatt mit dem Begriff KOMMUNIKATION. Die Jugendlichen nennen im *Plenum* zunächst ihre Ideen, Erklärungen, Deutungen usw. dazu. Stellen Sie dann die Impulsfrage: **Wie wichtig ist die Kommunikation für unser Zusammenleben?** Die Schüler **positionieren** sich rund um das Blatt: „sehr wichtig" = ganz nah beim Wort, „nicht wichtig" = ganz weit vom Wort entfernt. Alle begründen mündlich ihre Positionierung und nennen dabei, wenn möglich, ein Beispiel.
  Nun wird die Klasse in zwei Hälften geteilt. Gruppe 1 erstellt in *Gruppenarbeit* eine Liste zur Frage „Was passiert, wenn Kommunikation nicht harmonisch abläuft?", Gruppe 2 zu der Frage „Was ermöglicht eine gute Kommunikation?". Abschließend werden die Ergebnisse im *Plenum* vorgestellt.

- Konfrontieren Sie die Schüler als Vorbereitung auf den Bibeltext zunächst mit dem **Untergang der „Titanic"**. Dafür könnten Sie bspw. einen Zeitungsbericht über die Katastrophe an die Wand projizieren oder einen kurzen Filmausschnitt (bei YouTube® zu finden) zeigen. Die Schüler tauschen sich in *Partnerarbeit* über folgende Fragen aus:
  ↪ Warum ist die „Titanic" gesunken?
  ↪ Was können die Menschen aus dieser Geschichte lernen?

Anschließend werden die Ergebnisse im *Plenum* verglichen und besprochen. (Alternativ können Sie statt der „Titanic" natürlich auch ein aktuelles Beispiel verwenden, das zum Thema passt.)

Ideen zur Besinnung/Meditation

Auf dem Boden liegen kreuz und quer im Raum verteilt Zettel mit verschiedenen Aussprüchen, z. B.:
„Ich bin die schönste Frau der Welt!"; „Ich habe die beste Stimme!";
„Ich bin der schnellste Sprinter der Schule!"; „Ich habe den besten Sixpack!";
„Ich bin die Schlauste der Klasse!"
Bitten Sie die Schüler, in Stille von Ausspruch zu Ausspruch zu spazieren und sich zu überlegen: **Wo und wie habe ich mich selbst schon mal überschätzt?** Wozu hat das geführt? Da dies sehr private Gedanken/Erinnerungen sind, die die wenigsten gern preisgeben, sollten Sie hier auf einen anschließenden Austausch lieber verzichten.

Ideen zur Erarbeitung

- Die Schüler **versetzen sich in die Turmbauer von Babel** und inszenieren in *Gruppenarbeit* eine **„Planungssitzung" vor Baubeginn**. Dafür müssen Sie sich über folgende Fragen Gedanken machen:
  - Worüber diskutieren die Turmbauer? (z. B. „Welches Material wollen wir verwenden?")
  - Wie gehen die Menschen miteinander um? (z. B. egoistisch; jeder will seinen Willen durchsetzen)
  - Welche Begriffe verwenden sie? (z. B. „beeindruckend", „riesig")

  Alternativ kann auch jede Gruppe ein anderes Beispiel inszenieren: Eine setzt das Original aus der Bibel um und die anderen behandeln moderne Varianten (z. B. eine Gruppe, die ein Multiplex-Kino bauen möchte, eine Fußballmannschaft, die Weltmeister werden möchte, usw.). Die Inszenierungen werden nacheinander im *Plenum* aufgeführt und von den anderen Gruppen ausgewertet:
  - Worauf macht die Inszenierung aufmerksam?
  - Was können wir von den inszenierten Beispielen lernen?

  Die Ergebnisse werden auf Stichwortkarten festgehalten (pro Karte ein Beispiel). Ein Vertreter jeder Gruppe präsentiert die Ergebnisse und hängt sie untereinander an die Tafel.

- Der Turmbau zu Babel ist auch ein Beispiel für ein gemeinsames Projekt, das kläglich gescheitert ist. Fordern Sie die Schüler auf, in *Gruppenarbeit* zu **überlegen, was wichtig ist, wenn man miteinander ein Projekt plant** und realisieren möchte. Jede Gruppe stellt eine **Liste mit Verhaltensregeln** zusammen.
  Dann wertet jeder für sich diese Gruppenarbeit in *Einzelarbeit* kurz aus:
  ↳ Wie haben wir zusammengearbeitet?
  ↳ Was hat geklappt? Was nicht?
  ↳ Hat sich meine Gruppe an alle Verhaltensregeln, die wir notiert haben, gehalten?
  Abschließend werden die Ergebnisse aus der Gruppenarbeit im *Plenum* präsentiert und mit den Erkenntnissen aus der Einzelreflexion verglichen. Sammeln Sie ein „Best Of" von wichtigen Verhaltensregeln an der Tafel oder auf einem Plakat, das dann auch bei zukünftigen Gruppenarbeiten – fachübergreifend und themenunabhängig – helfen kann.
- Notieren Sie an der Tafel die Frage: **„Wo bauen wir Menschen heute ‚Türme, die bis in den Himmel reichen sollen'?"** und fordern Sie die Schüler auf, sich in *Partnerarbeit* für verschiedene Rubriken (z. B. Wirtschaft, Natur, Politik, Sport, Schule) konkrete **Beispiele aus der heutigen Zeit** zu überlegen. Die Beispiele werden anschließend im *Plenum* gesammelt und von den Schülern begründet/mit dem Bibeltext in Verbindung gebracht.

Ideen zur Sicherung/zum Abschluss

- Zeigen Sie den Schülern per Whiteboard oder OHP eine 📷 bildliche Darstellung vom Turmbau zu Babel (zahlreich im Internet zu finden). Führen Sie im *Plenum* eine **Bildbetrachtung** durch: Jeder formuliert reihum einen Satz zu der Frage: Wie hat der Künstler die Bibelgeschichte umgesetzt? Worauf hat er besonderes Gewicht gelegt? Kommt die Botschaft des Textes deutlich rüber? Oder steht sie eher im Hintergrund/versteckt?
  Alternativ können Sie die Turmbau-Darstellung auch als DIN-A3-Plakat an die Tafel heften und leere Sprechblasen rundherum zeichnen, in die die Schüler Statements schreiben, die Besucher einer Ausstellung äußern könnten.
- Kleben Sie mit grünem und rotem Klebeband zwei Vierecke auf den Boden. Die Schüler schreiben in *Einzelarbeit* **„Dos and Don'ts" für das Verhalten bei gemeinsamen Projekten** auf (z. B. eine Party organisieren, eine Projektarbeit in der Schule usw.). Anschließend stellt sich jeder der Reihe

nach entweder in den grünen (Dos) oder roten (Don'ts) Bereich und liest eine zuvor notierte Verhaltensregel vor. Jede Regel darf nur einmal genannt werden.

- Spielen Sie mit Ihren Schülern **„Reporter vor Ort"**: Die Jugendlichen versetzen sich in Journalisten hinein, die kurz nach dem Ereignis der Sprachverwirrung nach Babel kommen, um die dort verbliebenen Menschen zu interviewen. Dafür bereitet jeder in *Einzelarbeit* drei bis fünf Interviewfragen vor (sowohl zu den Tatsachen – Was ist passiert? – als auch zur Meinung des Befragten im Hinblick auf die Botschaft – Wie denken Sie darüber?). Nun finden sich je zwei Schüler zusammen und interviewen sich in *Partnerarbeit* gegenseitig.
Jeder notiert ein besonders bemerkenswertes Statement, das er dabei gehört hat, und liest dieses schließlich im *Plenum* laut vor.
- Lassen Sie die Schüler in *Gruppenarbeit* den **Turmbau zu Babel nachspielen**: Jede Gruppe (zwei bis vier) erhält genau gleich viel Material. Zur Verfügung stehen können: verschiedene Kartons, leere Toilettenpapierrollen, Papier, Dosen, Wellpappe usw. Welche Gruppe schafft es, aus dem Material am schnellsten einen Turm zu bauen, der nicht umfällt?

Möglichkeiten der Weiterführung

Biblisch: *Die Heilung eines Taubstummen* (Markus 7,31–37), *Die Sintflut-Erzählung* (Genesis 6,5–9,17), *Das Pfingstereignis* (Apostelgeschichte 2,1–13)

Thematisch: Kommunikation, Gemeinschaft, eigene Stärken und Schwächen, der Heilige Geist

Ideen für besondere Projekte

In der Sek II könnte eine Vertiefung mit dem Spielfilm „Babel" (2006, 149 Minuten, FSK 16) erfolgen. Die Schüler könnten sich bspw. in Gruppen mit den einzelnen Episoden beschäftigen und diese jeweils mit dem Originaltext in der Bibel in Bezug setzen.

Teil II

Der brennende Dornbusch

(Exodus 3,1–15)

Worum geht's?

Themen: Gottes Stimme hören, Gottes Zeichen im Alltag entdecken, Gottesbilder

Textgattung: Erzählung

Inhalt/Hintergrund: Moses, der als Findelkind von der Tochter des Pharaos gefunden wurde und am Hof des Pharaos aufwuchs, hütet die Schafe in der Nähe des Bergs Horeb (der in der Bibel als Berg Gottes bekannt ist), als er auf ein merkwürdiges Naturphänomen aufmerksam wird. Da wird ihm plötzlich klar, dass Gott ihm erschienen ist. Gott begegnet ihm in Gestalt eines brennenden Dornbuschs.

Bedeutung: Gott als ein brennender Dornbusch, der nicht verbrennt, ist ein sehr wirkungsvolles Gottesbild. Diese Szene gilt als eine der zentralsten Momente, in denen sich Gott den Menschen offenbart. Sie ist deshalb von großer Bedeutung, da Gott in ihr seinen Namen und damit sein Programm preisgibt: Jahwe, der „Ich-bin-da".

Querbezug zur Lebenswelt der Schüler: Viele Jugendliche beklagen sich, dass Gott heute nicht mehr zu den Menschen spricht bzw. dass sie seine Stimme noch nie gehört haben – oft wird dies auch als Argument für die Nichtexistenz Gottes verwendet. Spirituelle Menschen sehen das anders: Sie nehmen Gott im Alltag regelmäßig wahr. Die Auseinandersetzung mit der Bibelgeschichte vom brennenden Dornbusch bietet gute Anknüpfungspunkte, um bei den Schülern das Bewusstsein dafür schärfen, Gottes Zeichen im Alltag wahrnehmen und deuten zu können.

Unterrichtsideen

Ideen zum Einstieg

- Projizieren Sie via OHP oder Whiteboard ein 📷 **Foto von einem Feuer** (alternativ können Sie auch eine Videoaufnahme von einem Feuer zeigen – beides findet sich problemlos im Internet). Die Schüler formulieren im *Plenum* mündlich ihre **Eindrücke und Assoziationen**. Wenn mehr Zeit zur Verfügung steht, können die Jugendlichen Beispiele für alle Sinneseindrücke nennen – Was sehe ich? Was höre ich? Was rieche ich? Was fühle ich? Was schmecke ich?
  Alternativ können Sie die Schüler auch dazu auffordern, einen der folgenden Sätze zu vervollständigen: „Feuer ist …"/„Feuer macht …"
- Suchen Sie im Internet Text und Noten des 🎵 Liedes **„Wir haben Gottes Spuren festgestellt"** und teilen sie beides an die Schüler aus oder projizieren sie es an die Wand. Singen Sie das Lied gemeinsam mit der Klasse und ermuntern Sie die Schüler anschließend zu einem kurzen Austausch im *Plenum*: Worum geht es in diesem Lied? Was wird thematisiert? Dann hören oder lesen die Schüler den **Bibeltext** und **vergleichen** ihn in *Partnerarbeit* **mit dem Liedtext**:
  ⇨ Was sind die Gemeinsamkeiten, was sind die Unterschiede?
  ⇨ Wie wird Gott im Lied bzw. im Bibeltext beschrieben?
  Sammeln Sie die Ergebnisse abschließend im *Plenum*.
- Konfrontieren Sie die Schüler mit dem 📷 Gemälde **„Der brennende Dornbusch" von Sieger Köder** (zu finden im Internet). Fordern Sie die Schüler auf, in *Einzelarbeit* **Adjektive und Verben** zu notieren, die ihnen zu diesem Bild einfallen. Anschließend formulieren sie aus diesen Begriffen einen **Text über das Feuer** verfassen. Zum Schluss werden einige der Texte im *Plenum* vorgelesen.

Ideen zur Besinnung/Meditation

Die Schüler beschäftigen sich mit der Frage: Was wollte ich Gott schon immer fragen? Oder: Was wollte ich von Gott schon immer hören? Lassen Sie die Schüler einen großen Stuhlkreis bilden und legen Sie in der Mitte leere Karteikarten aus (ca. drei Klassensätze), auf denen lediglich ein Ausrufezeichen oder ein Fragezeichen geschrieben steht. Jeder Schüler nimmt zwei bis drei

Karten und notiert auf deren Rückseite jeweils eine **Frage an Gott** (wenn vorn ein Fragezeichen steht – z. B. „Warum kann nicht das ganze Jahr Sommer sein?") oder eine **Aufforderung an Gott** (wenn vorn ein Ausrufezeichen steht – z. B. „Lass endlich alle Kriege enden!"). Dann legt jeder seine Karten bunt verteilt verdeckt wieder auf den Boden (mit der Frage/der Aufforderung nach unten).

Sobald alle fertig sind, spazieren die Schüler umher, heben immer wieder eine Karte auf und lesen, was auf der Rückseite notiert wurde. Nach einem von Ihnen gegebenen akustischen Signal, bleiben alle stehen. Nun liest jeder die Karte, die er gerade in der Hand hält oder die ihm am nächsten liegt, laut vor.

Ideen zur Erarbeitung

- Stellen Sie den Schülern die Frage: **Wie können wir mit unseren verschiedenen Sinnen Gottes Zeichen wahrnehmen?** Teilen Sie die Klasse dafür in fünf Gruppen, von denen jede einen Sinn bearbeitet: hören, sehen, riechen, fühlen, schmecken. In *Gruppenarbeit* überlegen die Schüler für ihren Sinn, wie wir Gott damit im Alltag wahrnehmen können (z. B. hören: aufmerksam sein für das, was mir andere erzählen; sehen: andere aufmerksam beobachten und evtl. Gott in ihrem Handeln erkennen). Jede Gruppe verfasst für ihren Sinn eine schriftliche **Anleitung auf einem Plakat**. Anschließend werden die Plakate in einem Galeriegang präsentiert.
- Schreiben Sie die folgenden Begriffe untereinander an die Tafel:

  Ruhe

  Stille

  Aufmerksamkeit

  Lassen Sie die Schüler in *Partnerarbeit* diskutieren, warum dies alles **Voraussetzungen dafür** sind, dass **Gottes Stimme im Alltag gehört** bzw. **seine Zeichen gesehen** werden können.
  Tragen Sie die Ergebnisse anschließend im *Plenum* zusammen. Formulieren Sie hinter jedem der drei Begriffe an der Tafel einen konkreten Satz, der erklärt, warum diese Voraussetzung erfüllt sein muss. Die Schüler diskutieren nun, warum diese Voraussetzungen in unserer heutigen Zeit oft nicht erfüllt sind, und überlegen sich konkrete Beispiele dafür (z. B. viele Menschen sind ständig im Stress, wir sind immer von Lärm umgeben usw.).

- Wenn Gott heute so deutlich und wirkungsvoll wie bei Moses zu den Menschen sprechen würde, **was würde er uns mitteilen?** – Die Schüler führen zunächst in *Partnerarbeit* ein Brainstorming durch: Was läuft gut auf unserer Welt? Was läuft nicht gut? Dann formulieren sie auf Karteikarten mindestens drei bis vier **Statements** (pro Karte ein Statement), die Gott heute an uns Menschen richten könnte. Die Schüler lassen die Karten an ihrem Platz liegen, wechseln die Plätze mit einem anderen Paar und lesen deren Statements: Welche davon richtet Gott tatsächlich an die Menschen bzw. **wo/wie** sind diese **im Alltag wahrnehmbar**? (z. B. Habgier führt ins Verderben – ein Millionär, der immer mehr wollte und dann sein Leben ruinierte). Jedes Paar wählt eines der Statements aus und liest dieses dann im *Plenum* vor. Dabei präsentieren die Paare auch ihre Überlegungen, wo/wie sich diese Nachricht von Gott im Alltag tatsächlich wahrnehmen lässt. Das Paar, das das Statement verfasst hat, kann seine eigenen Überlegungen ergänzen.

Ideen zur Sicherung/zum Abschluss

- Teilen Sie an alle Schüler ein DIN-A4-Blatt mit einer leeren Sprechblase aus. Jeder denkt sich in *Einzelarbeit* eine **Person aus der Gegenwart** aus, der sich Gott offenbart hat, und schreibt in die Sprechblase, wie diese Person davon berichten könnte, wie bzw. auf welche Weise und was Gott zu ihr gesprochen hat. Alle Sprechblasentexte werden nun in die Mitte verdeckt auf einen Stapel gelegt. Jetzt ziehen alle der Reihe nach ein Blatt, lesen den Text im *Plenum* vor und notieren an der Tafel, **welches „Medium"/welchen „Kommunikationskanal" bzw. welchen Sinn** Gott gewählt hat, um sich der betreffenden Person zu zeigen.
- Beschriften Sie für jeden Schüler einen Zettel mit einer möglichen Antwort auf die Frage: **„Wie kann es mir gelingen, Gottes Stimme zu hören?"** Schreiben Sie z. B.: aufmerksam sein/beten/bewusst auf das achten, was andere Menschen erzählen/sich in die Stille zurückziehen/geduldig sein/mit anderen Menschen sprechen/sich Zeit nehmen für das Gespräch mit Gott …
  Jeder Schüler erhält einen Antwortzettel und liest, was darauf steht, ohne dass seine Nachbarn mitlesen können. Nun nennen die Schüler eigene Antworten auf die Frage (die Antwort auf dem eigenen Zettel darf dabei nicht genannt werden). Nennt jemand eine Antwort, die so oder so ähnlich auf dem Zettel eines anderen steht, darf Letzterer seinen Zettel in die Mitte legen.

Möglichkeiten der Weiterführung

Biblisch: *Das Pfingstereignis* (Apostelgeschichte 2,1–13)

Thematisch: Gottesbilder, beten – mit Gott sprechen, Propheten, der Heilige Geist

Ideen für besondere Projekte

Fordern Sie die Schüler auf, einmal genau in sich hineinzuhören – in welcher Situation in ihrem Leben gab es etwas, das sich als „Zeichen" oder „Botschaft" von Gott deuten ließe? Lassen Sie die Schüler diese Situationen bzw. Zeichen bildhaft darstellen.

Du sollst den Feiertag heiligen – das dritte Gebot

(Exodus 20,8–11)

Worum geht's?

Themen: Regeln und Rituale, Leben in der Gemeinschaft, den Sonntag bewusst erleben, Freizeit, sich erholen, sich Ruhe gönnen, Gottesdienst

Textgattung: Gesetzesbücher

Inhalt/Hintergrund: Die Zehn Gebote regeln die Beziehung zwischen Gott und den Menschen und fassen fundamentale Verhaltensweisen zusammen, die die Grundlage für ein gelingendes Zusammenleben auf der Erde bilden. Die Regel, dass der siebte Tag der Woche, also der Sonntag (bzw. im Judentum der Schabbat), als Feiertag geheiligt werden soll, stellt das dritte dieser Zehn Gebote dar. Es leitet sich ab aus der Schöpfungsgeschichte, der zufolge Gott, nachdem er die Welt in sechs Tagen erschaffen hatte, am siebten Tag ruhte (Genesis 2,2).

Bedeutung: Die Botschaft des dritten Gebotes ist heute von besonderer Aktualität: Das Leben darf nicht nur aus Arbeit, Stress und Hektik bestehen. Auch wenn es vonseiten der Wirtschaft immer wieder Versuche gibt, den „arbeitsfreien" Sonntag abzuschaffen, wird die Kirche nicht müde zu betonen, dass ein gemeinsamer Ruhetag für die Gesellschaft enorm wichtig ist.

Querbezug zur Lebenswelt der Schüler: Auch die Sonntage der Jugendlichen sind heutzutage oft mit vielen Aktivitäten verplant: Sportveranstaltungen, Lernen für die Klassenarbeiten der kommenden Woche, Besuche bei Verwandten usw. Manch einer gerät vor lauter Angeboten und Verabredungen sogar in eine Art „Freizeitstress" – man hetzt von morgens bis abends herum und ehe man sich versieht, ist der Tag schon wieder vorbei. Hier ist es wichtig, sich einmal der Frage zu stellen: Starten wir nach solch einem Sonntag wirklich erholt und ausgeruht in die neue Woche? Wie verbringt man einen Sonntag, der einem wirklich guttut?

Unterrichtsideen

Ideen zum Einstieg

- Die Schüler erhalten eine Vorlage für ein **Tagesprotokoll** (siehe KV „Mein Sonntag" auf S. 75 und im ⬇ Download) und füllen es in *Einzelarbeit* aus: Wie haben sie den vergangenen Sonntag verbracht? Danach markieren sie mit einem Textmarker alle Phasen und Aktivitäten, die für sie erholsam waren. Anschließend stellen die Schüler ihr Protokoll einem Mitschüler vor und tauschen sich in *Partnerarbeit* aus:
    - ⮕ Wie war das Verhältnis zwischen erholsamen und weniger erholsamen Aktivitäten?
    - ⮕ Warum waren die Aktivitäten erholsam?
- Schreiben Sie den **Satzanfang** „Sonntag bedeutet für mich ..." an die Tafel. Alle Schüler erhalten einen Zettel und **vervollständigen** darauf in *Einzelarbeit* den Satz. Danach liest jeder im *Plenum* seinen Satz vor und heftet seinen Zettel rund um den Satzanfang an die Tafel. Anschließend

können die Zettel gemeinsam in verschiedene Rubriken sortiert werden, z. B. in a) Ruhe/Erholung und b) Arbeit/Anstrengung etc.
- Konfrontieren Sie die Jugendlichen mit einem **Plakat einer Pro-Sonntags-Kampagne** (diese finden Sie im Internet, wenn Sie mit den Suchbegriffen „Sonntagsruhe" und „Plakate" suchen). Die Schüler beschreiben im *Plenum* das Plakat und äußern ihre Eindrücke:
  - ⊃ Was sehen sie?
  - ⊃ Worauf macht das Plakat aufmerksam?
  - ⊃ Welche Begriffe, welche Symbole werden verwendet?

Ideen zur Besinnung/Meditation

Leiten Sie eine **Fantasiereise** an. Die Schüler legen sich auf den Boden oder betten, vornüber gebeugt am Tisch sitzend, ihren Kopf in ihre verschränkten Arme und schließen die Augen. Lesen Sie den folgenden Text vor und machen Sie zwischen den Sätzen bewusste Pausen, damit die Schüler ausreichend Zeit haben, sich die Situation auszumalen:
Endlich ist wieder Sonntag! Dieser Tag ist für mich der Höhepunkt der Woche. Endlich mal abschalten, zur Ruhe kommen, das machen, was mir Spaß macht. Ich verbringe heute meine Zeit nur mit Menschen, die ich gern habe und die mir wichtig sind. – Überlegt einmal, was ihr nächsten Sonntag gern machen möchtet, und mit wem. Ihr dürft dabei völlig frei entscheiden und müsst euch nach niemandem richten – was möchtet ihr am liebsten tun?
Geben Sie den Schülern ca. 2 Minuten Zeit, bevor Sie sie aus ihrer Gedankenwelt zurückrufen. Anschließend finden sich immer zwei Mitschüler zusammen und tauschen sich in *Partnerarbeit* darüber aus, was für sie an einem Sonntag wichtig ist bzw. was für sie einen „guten" Sonntag ausmacht.

Ideen zur Erarbeitung

- Die Schüler erstellen in *Partnerarbeit* zwei **Listen**:

Was sollte man an einem Sonntag tun?	Was sollte man am Sonntag vermeiden?
...	...

Danach tun sich je zwei Paare zusammen und in *Gruppenarbeit* werden die Ergebnisse ausgetauscht. Anschließend sammeln die Schüler im *Plenum*

ihre Ergebnisse und notieren diese an der Tafel. Ermuntern Sie die Schüler in dieser Phase unbedingt, zu begründen, warum sie diese oder jene Tätigkeit für **sonntagstauglich** halten oder nicht!
- Lassen Sie die Schüler in *Partnerarbeit* ein Brainstorming durchführen: Wie könnte man **den Sonntag bewusst** mit den Eltern, den Geschwistern oder anderen Verwandten **verbringen**? Die Paare sammeln möglichst viele **Vorschläge** und notieren diese zunächst kreuz und quer auf einem Blatt. Anschließend gestalten sie einen **Flyer**, der Familien Anregungen bieten soll, wie sie ihre Sonntage im Sinne des dritten Gebots gestalten können.
- Veranstalten Sie ein **Kugellager** (auch Karussellgespräch genannt): Die Jugendlichen bilden mit ihren Stühlen zwei ineinanderliegende Kreise, wobei jeder Schüler des Innenkreises einem Mitschüler aus dem Außenkreis gegenübersitzt. Stellen Sie der Klasse nun **verschiedene Fragen**, die die sich gegenübersitzenden Schüler in *Partnerarbeit* **diskutieren** – z. B.:
    - Was sollte man an einem Sonntag lieber vermeiden?
    - Wie bereitet man sich optimal auf einen Sonntag vor?
    - Was würde fehlen, wenn der Sonntag ein gewöhnlicher Werktag wäre?
    - Wie kann man selbst einen Beitrag dazu leisten, dass sich andere am Sonntag erholen können?

  Geben Sie den Schülern für jede Frage ca. 1 Minute Zeit. Nach jeder Frage wechseln die Schüler im äußeren Kreis einen Platz nach rechts und die Schüler im inneren Kreis rücken einen Platz nach links. So entstehen immer wieder neue Gesprächspaare. Lassen Sie die Schüler ihre Kugellagergespräche anschließend zunächst in *Einzelarbeit* auswerten, indem jeder für sich schriftlich festhält, was ihm durch die Gespräche bewusst geworden ist, und sammeln Sie am Ende im *Plenum* die Ergebnisse.

Ideen zur Sicherung/zum Abschluss

- Schreiben Sie in großen Buchstaben „Mein nächster Sonntag" an die Tafel. Lassen Sie dann zwei bis drei Kreiden zirkulieren: Die Schüler kommen selbstständig nach vorn und notieren rund um die Überschrift **erholsame Ideen** und Aktivitäten, die sie **am kommenden Sonntag** umsetzen wollen. Natürlich können auch Sie für sich eine Idee ergänzen!
- Teilen Sie die Klasse in drei bis vier Gruppen und veranstalten Sie einen **Wettbewerb**: Jede Gruppe schreibt innerhalb von 2 Minuten so viele **Gründe** wie möglich auf einen Zettel, **die für die Sonntagsruhe sprechen**. Die Gruppe mit den meisten Argumenten gewinnt!

- Fordern Sie die Schüler auf, die erarbeiteten Inhalte der Stunde in einem **Gedicht zum Thema „Sonntag"** zu verarbeiten. Dabei sind der Fantasie keine Grenzen gesetzt. Ein lustiger Zweizeiler ist genauso möglich wie ein Limerick oder ein Elfchen (hierzu sollten Sie je nach Vorkenntnissen der Lerngruppe ggf. vorab den Aufbau erläutern).

Möglichkeiten der Weiterführung

Biblisch: *Alles hat seine Zeit* (Prediger/Kohelet 3,1–15)

Thematisch: Vertiefung zum Thema „Umgang mit Zeit": Wie möchte ich meine Zeit einsetzen? Und was ist im Leben wirklich wichtig?; Exkurs zum Judentum: Wie begehen die Juden den Schabbat? Was können wir von ihnen lernen?

Ideen für besondere Projekte

- Lassen Sie die Schüler selbst **Plakate entwickeln**, die Lust darauf machen, den **Sonntag bewusst als Tag der Ruhe und Erholung** zu verbringen. Machen Sie als Einstieg mit den Schülern ein Brainstorming: Worauf sollte bei der Gestaltung eines Plakats geachtet werden? (wenig Text, klare Überschriften, leicht verständliche Botschaften usw.)
- Es besteht auch die Möglichkeit, eine **Talk-Show zum Thema „Pro/Kontra Sonntagsruhe"** zu inszenieren. Zu verteilende Rollen: ein Moderator, zwei bis drei Sonntagsfans, zwei bis drei Sonntagsgegner, Publikum.
- Die Schüler gestalten in einer Projektarbeit eine **Zeitungssonderausgabe zum Thema „Sonntag"**. Starten Sie mit einer „Redaktionskonferenz": Die Schüler überlegen, welche Rubriken die Sonderausgabe haben könnte. Dann werden verschiedene Redaktionsteams gebildet, von denen jedes eine andere Rubrik übernimmt. Die Teams recherchieren, entwerfen den Text und suchen passende Bilder heraus. Die einzelnen Beiträge werden zusammengeheftet oder von einem Gestaltungsteam am Computer zu einer Zeitung zusammengefügt. Das Deckblatt darf auch nicht fehlen! Zum Schluss wird die Sonderausgabe für alle kopiert; eventuell erhält auch die Parallelklasse die Zeitung als Geschenk.

KV: Mein Sonntag

Mein Sonntag

Versuche dich zu erinnern: Was hast du am letzten Sonntag alles gemacht? Wo warst du und mit wem hast du Zeit verbracht? Fülle dazu das Protokoll aus.

Es ist nicht schlimm, wenn du nicht für jede einzelne Stunde etwas aufschreiben kannst. Notiere einfach alles, an das du dich erinnerst.

07:00 Uhr – ....
08:00 Uhr – ....
09:00 Uhr – ....
10:00 Uhr – ....
11:00 Uhr – ....
12:00 Uhr – ....
13:00 Uhr – ....
14:00 Uhr – ....
15:00 Uhr – ....
16:00 Uhr – ....
17:00 Uhr – ....
18:00 Uhr – ....
19:00 Uhr – ....
20:00 Uhr – ....
21:00 Uhr – ....
22:00 Uhr – ....
23:00 Uhr – ....

Die Bibel für Schüler lebendig machen © Verlag an der Ruhr | Autor: Stephan Sigg | ISBN 978-3-8346-3055-1 | www.verlagruhr.de

David gegen Goliat

(1. Samuel 17,1–58)

Worum geht's?

Themen: Mut, Selbstvertrauen, Mächtigen die Stirn bieten

Textgattung: Erzählung

Inhalt/Hintergrund: David lässt sich vom mächtigen und starken Goliat nicht einschüchtern und nimmt den Kampf gegen ihn auf. Ohne Rüstung, aber mit einem Stein und einer Schleuder und dem Vertrauen auf Gottes Hilfe gelingt es ihm, Goliat zu treffen und zu töten.

Bedeutung: Viel zu oft lassen wir Menschen uns von Stärke, Größe und Macht bzw. „Machtinsignien" (wie Geld, teure Kleidung usw.) beeindrucken und glauben, keine Chance zu haben. David hat Mut bewiesen, an sich selbst geglaubt und auf Gott vertraut und konnte so seinen Gegner trotz dessen scheinbarer Überlegenheit besiegen.

Querbezug zur Lebenswelt der Schüler: Auch viele Jugendliche lassen sich schnell einschüchtern, wenn jemand anderes größer, stärker, beliebter, erfolgreicher scheint. Dabei kann jeder etwas bewirken, auch ohne Geld und Einfluss – dafür sind Selbstvertrauen und Mut gefragt. Egal ob in der Schule, beim Einsatz für Menschen in Not oder für Gerechtigkeit – jeder Jugendliche kann etwas schaffen und die Welt verändern, wenn er nur an sich glaubt.

Unterrichtsideen

Ideen zum Einstieg

- Beginnen Sie mit einer **Bildbetrachtung**: Projizieren Sie dafür die 📷 Comic-Zeichnung „David & Goliat" aus dem ⬇ Download (siehe auch KV auf S. 80) via Whiteboard oder OHP an die Wand. Die Schüler sammeln nun in

Partnerarbeit, was ihnen zu dem Bild einfällt, und **rufen eventuelle Vorkenntnisse wach**:
- Was ist auf dem Bild zu sehen?
- Was für eine Botschaft will das Bild vermitteln?
- Was bedeutet die Überschrift „David & Goliat" – kennt jemand diese Namen? Was wissen die Schüler über die Geschichte aus der Bibel? Wer ist wer in dem Bild?
- Warum ist das Bild eine moderne „David & Goliat"-Darstellung?

Anschließend werden die Ergebnisse im *Plenum* zusammengetragen.

- Konfrontieren Sie die Schüler mit einem **aktuellen Beispiel**, z. B. eine Fußballmannschaft, der wenig zugetraut wurde, die nun aber völlig überraschend eine erfolgreiche Mannschaft besiegt hat, oder eine bisher wenig bekannte Band, die wider Erwarten einen Star vom Charts-Thron gestürzt hat, o. Ä. Führen Sie dann mit den Schülern im *Plenum* eine Analyse durch:
  - Warum sorgte dieses Ereignis für Aufsehen?
  - Warum und wie gelang es, den vermeintlich „Mächtigeren" zu besiegen?

Ideen zur Besinnung/Meditation

Führen Sie eine **Bildmeditation** durch: Projizieren Sie dafür die 📷 **Comic-Zeichnung „David & Goliat"** aus dem ⬇ Download (siehe auch KV auf S. 80) via Whiteboard oder OHP an die Wand, verdecken Sie dabei jedoch die Überschrift. Geben Sie den Schülern ausreichend Zeit, das Bild erst einmal in Ruhe zu betrachten und es auf sich wirken zu lassen. Dann denkt jeder für sich über folgende Fragen nach (schreiben Sie diese ggf. an die Tafel):
- Was ist auf dem Bild zu sehen?
- Was erzählt uns das Bild?
- Welchen Titel könnte man dem Bild geben?
- Welche Gefühle löst das Bild in mir aus?
- Welche Erinnerungen ruft es wach – fallen mir eigene Erfahrungen dieser Art ein? Habe ich selbst solch eine Situation schon einmal erlebt? Wie habe ich mich damals gefühlt, sowohl vorher als auch nachher?
- Fallen mir Beispiele für solch eine Situation aus der Gegenwart ein?

Anschließend formulieren die Schüler im *Plenum* mündlich ihre Eindrücke und Gedanken und berichten von Ihren **Erinnerungen und Erfahrungen**.

Ideen zur Erarbeitung

- Teilen Sie die Klasse in zwei Gruppen. Die Schüler der einen Gruppe erhalten die Aufgabe, sich **in Goliat hineinzuversetzen**, die andere **fühlt sich in David hinein**. Jeder sammelt in *Einzelarbeit* Ideen, was der jeweiligen Figur vor dem Kampf durch den Kopf ging. Die Schüler schreiben aus der Ich-Perspektive mögliche Gedanken auf, z. B. David: „Niemand rechnet damit, dass ich es schaffe. Aber ich glaube an mich! ..." oder Goliat: „Ich bin sowieso der Stärkste weit und breit. Egal wen sie schicken, ich werde auf jeden Fall gewinnen!". Es folgt ein Austausch in *Partnerarbeit*: Je ein „David" und ein „Goliat" finden sich zusammen und lesen sich abwechselnd ihre Gedanken vor. Abschließend diskutieren die Schüler im *Plenum* alles, gemeinsam darüber, warum diese Gedanken bzw. diese Einstellungen zum Erfolg bzw. Misserfolg geführt haben.

- Nachdem Inhalt und Botschaft der Bibelgeschichte besprochen wurde, übertragen die Schüler beides auf ihr eigenes Leben. Führen Sie mit ihnen dazu im *Plenum* ein gemeinsames Brainstorming an der Tafel durch: **Welche herausfordernden Situationen erleben die Schüler in ihrem Alltag** in und außerhalb der Schule? Hier können bspw. Klassenarbeiten, Konfrontationen/Streitereien mit anderen Mitschülern oder der Umgang mit Beleidigungen, die Vorbereitung auf ein Entscheidungsspiel mit der Fußballmannschaft, ein Casting für eine Rolle in der Theater-AG oder – im Hinblick auf die Zukunft – Bewerbungsgespräche genannt werden.
  Fordern Sie die Schüler nun auf, eines der genannten Beispiele, das sie persönlich betrifft oder betreffen könnte, zu wählen und dazu in *Einzelarbeit* einen **Motivationsbrief an sich selbst** zu verfassen (also quasi aus der „David-Perspektive"). Wer fertig ist, tauscht seinen Text mit einem Partner. Jeder liest den fremden Text durch und schreibt mit Bleistift weitere Tipps, Ermunterungen usw. auf das Blatt. Die Blätter werden zurückgegeben, jeder liest die Kommentare und baut sie in den eigenen Text ein. Die Schüler können die in der *Partnerarbeit* optimierten Briefe anschließend mit nach Hause nehmen und in ihrem Zimmer aufhängen oder an einem besonderen Ort deponieren (im Matheheft, um die Angst vor Mathearbeiten zu besiegen, oder in der Sporttasche, um mutiger zum nächsten Wettkampf zu fahren etc.) – so werden sie immer an diese „positive Motivation" erinnert. Je nach Alter der Lerngruppe ist es allerdings wichtig, die Schüler extra darauf hinzuweisen, dass der Motivationsbrief keine „Erfolgsgarantie" ist. Die Jugendlichen sollen jedoch verinnerlichen, dass sie mit einer positiven inneren Grundhaltung auf jeden Fall mehr Chancen auf Erfolg haben.

Ideen zur Sicherung/zum Abschluss

- Veranstalten Sie einen **„Titelwettbewerb"**: Die Schüler überlegen sich in *Partnerarbeit* zwei bis vier alternative Überschriften für die Bibelgeschichte (z. B. „Klein schlägt Groß", „Newcomer besiegt Star", „Klein, aber oho" usw.). Jedes Paar entscheidet, mit welchem der Titel es ins Rennen gehen will, und schreibt diesen auf eine Karteikarte, die es an die Tafel oder eine Pinnwand heftet. Anschließend erhält jeder Schüler drei Klebepunkte. Alle bekommen 5 Minuten Zeit, die Titelvorschläge anzusehen, und jeder klebt seine Punkte auf seine drei Favoriten – auf die eigene Karte darf allerdings kein Punkt geklebt werden. Der Titelvorschlag, der am Ende die meisten Punkte bekommen hat, hat gewonnen.
- Fordern Sie die Schüler auf, die Geschichte in einem **Standbild** darzustellen, sich also so aufzustellen, dass die Aussage des Bibeltextes ohne gesprochene oder geschriebene Worte sichtbar wird. Es gibt vier Durchgänge:
  a) zu zweit
  b) in Gruppen zu ca. fünf Personen
  c) jeder für sich allein
  d) die ganze Klasse zusammen
  Nach jedem Durchgang eine kurze Auswertung: Bei wem/welcher Gruppe kommt das Bild am besten zum Ausdruck?

Möglichkeiten der Weiterführung

Biblisch: *Auszug der Israeliten aus Ägypten* (Exodus 6,2–13,22)

Thematisch: NGOs (Nichtregierungsorganisationen, die sich vor allem sozial- und umweltpolitisch engagieren und sich dabei aktiv gegen mächtige Großkonzerne stellen)

Ideen für besondere Projekte

Die „David gegen Goliat"-Thematik wird auch in vielen **aktuellen Spielfilmen** aufgegriffen. Sehen Sie sich mit den Schülern z. B. „Puncture – David gegen Goliath" (2011, 100 Minuten, FSK 16) oder „Pitch Perfect" (2012, 112 Minuten, FSK 0) und „Pitch Perfect 2" (2015, 115 Minuten, FSK 6) an.

KV: David & Goliat

Denn er hat seinen Engeln befohlen ...

(Psalm 91,11)

Worum geht's?

Themen: Vertrauen auf Gott, Engel, Schutzengel, Geborgenheit

Textgattung: Psalm

Inhalt/Hintergrund: Der Psalm 91, aus dem der sehr bekannte Vers „Denn er befiehlt seinen Engeln, dich zu behüten auf all deinen Wegen" stammt, ist ein Trostpsalm. Aus den vorhergehenden und nachfolgenden Versen ist zu entnehmen, dass der Psalm im Krieg verfasst wurde. Die Wissenschaft geht davon aus (u.a. aufgrund der Formulierungen), dass er Teil der Moses-Psalmen ist und nicht von David verfasst wurde.

Bedeutung: Der Psalm ist geprägt von tiefem Gottesvertrauen und will den Menschen Hoffnung und Zuversicht spenden. Der Psalm verdeutlicht damit in besonderem Maße eines der Kernziele der Bibel. Er zeichnet ein poetisches Bild von Engeln, die den Menschen als Boten Gottes begleiten und behüten und jegliches Unheil von ihm fernhalten.

Querbezug zur Lebenswelt der Schüler: Gerade in herausfordernden oder belastenden Situationen fällt es vielen Jugendlichen schwer, an Gott zu glauben und auf seine Hilfe zu vertrauen. Andererseits ist in ihnen nicht selten aus Kindheitstagen der Glaube an (Schutz-)Engel tief verankert. Die Schüler werden durch die Auseinandersetzung mit diesem Bibelvers (den einige sicherlich schon kennen, da er ein beliebter und weit verbreiteter Taufspruch ist) ermuntert, auf Gott zu vertrauen und sich nicht zu scheuen, ihn auch in Situationen von Angst und Unsicherheit um Hilfe zu bitten. Gerade Kinder und Jugendliche stellen häufig die Frage, wie Gott für alle Menschen gleichzeitig da sein kann – durch das Bild der Engel, die uns Menschen in seinem Namen beschützen, erhalten die Jugendlichen einen leichteren Zugang zu der Vorstellung von Gottes immerwährender Anwesenheit und Hilfsbereitschaft.

■■■■ Teil II

Unterrichtsideen

Ideen zum Einstieg

- Zeigen Sie der Klasse einen ▄▄ **Werbespot der „Gelben Engel"** des ADAC (auf YouTube® zu finden). Die Schüler stellen im *Plenum* Vermutungen darüber auf, warum der Pannendienst als „Gelber Engel" bezeichnet wird:
  ↪ Wie kommt der ADAC auf diese Vermarktungsidee?
  ↪ Was soll die Bezeichnung den Autofahrern signalisieren?
  Leiten Sie über zu anderen Alltagsbereichen und sammeln Sie an der Tafel, wo und wie die Schüler schon dem Wort „Engel" begegnet sind.
  Leistungsschwächere Klassen könnten alternativ auch den Auftrag erhalten, im Internet nach Engelbildern zu recherchieren und zu notieren, in welchen Alltagskontexten sie auftauchen.
- Die Schüler erstellen in *Partnerarbeit* einen **Steckbrief für einen Engel**. Dazu tauschen sich die Paare zunächst darüber aus, was sie alles über Engel wissen. Anschließend werden die Steckbriefe im *Plenum* präsentiert und die Mitschüler dürfen kommentieren und nachfragen, wobei auch kritische Fragen (z. B.: Wie kommt ihr darauf? Woher habt ihr das?) erlaubt sind.
  In leistungsschwächeren Klassen empfiehlt es sich, vorab gemeinsam an der Tafel zu sammeln, welche Kategorien in einem Steckbrief klassischerweise aufgeführt sind bzw. welche in einem Engel-Steckbrief stehen könnten.
- Sammeln Sie im *Plenum* Antworten auf die Frage, nach welchen **Situationen oder Erfahrungen** viele Menschen überzeugt sind, dass ihnen ihr **Schutzengel** geholfen habe. Sammeln Sie die genannten Beispiele an der Tafel und fordern Sie die Jugendlichen auf, die Situationen zu vergleichen – was sind die Gemeinsamkeiten?

Ideen zur Besinnung/Meditation

Legen Sie **aktuelle Zeitungen und Zeitschriften** (oder Ausdrucke von Internetartikeln) kreuz und quer auf den Boden. Fordern Sie die Schüler auf, zwischen den Zeitungen umherzuspazieren und die **Schlagzeilen** auf sich wirken zu lassen. (Alternativ können Sie auch eine Powerpoint-Slideshow erstellen, in der nacheinander verschiedene Schlagzeilen aus der aktuellen Presse durchlaufen.) Im Hintergrund läuft meditative Musik. Nach einer vorgegebenen Zeit wählt jeder eine Schlagzeile für sich aus. Eröffnen Sie dann ein **Gebet**: „Guter Gott, wir bitten dich, schicke deine Engel ..." Die Schüler ergänzen der Reihe nach den Satz, indem sie das Gebet für die Menschen, mit denen sich die Schlagzeile beschäftigt, formulieren.

Ideen zur Erarbeitung

- Fordern Sie die Schüler dazu auf, den Vers in *Einzelarbeit* auf die heutige Zeit zu beziehen und ihn **zu einem modernen Songtext, Gedicht oder Poetry Slam-Beitrag umzuschreiben.** Die Kernaussage sollte dabei beibehalten werden. Eventuell bietet es sich hier an, die Schüler nicht nur mit Vers 11 isoliert zu konfrontieren, sondern ihnen den kompletten Psalm (Vers 1–16) als Basis für ihre Neufassung an die Hand zu geben.
- Die Schüler befassen sich in *Partnerarbeit* mit **Engelbildern in den Medien** – wie werden Engel heutzutage in der Werbung etc. dargestellt? Dazu recherchieren sie im Internet nach Bildern. Sollten nicht ausreichend Computerarbeitsplätze zur Verfügung stehen, können Sie auch eine Auswahl von Engeldarstellungen mitbringen.
Die Schüler betrachten die Bilder, vergleichen sie und halten stichwortartig fest, was typisch ist an Engeldarstellungen. Die Ergebnisse werden im *Plenum* zusammengetragen und ausgewertet: Warum werden die Engel gerade auf diese Weise dargestellt?
- Zeigen Sie z. B. auf YouTube® ein **Musikvideo**, in dem das **Engelmotiv** aufgegriffen wird (z. B. „Engel" von Johannes Oerding, „Angels" von Robbie Williams oder „Ein Engel" von den Wise Guys), und teilen Sie ggf. den Songtext dazu aus – eventuell reicht auch der Text ohne Video aus. Besprechen Sie im *Plenum* die Frage, was die Gemeinsamkeiten zwischen dem Lied/dem Video und dem Bibeltext sind. Bei leistungsschwachen Klassen sollten Sie zunächst den Songtext gemeinsam besprechen, bevor die Schüler mit der Frage konfrontiert werden.

Ideen zur Sicherung/zum Abschluss

- Fordern Sie die Schüler dazu auf, sich Gedanken zu machen, wie man jemandem, der gerade große Sorgen hat, **mit dem Psalm Mut machen** kann. Sie überlegen sich in *Einzelarbeit* mögliche „Übermittlungsformen" für den Psalm – z. B. könnte man ihn in einer WhatsApp-Nachricht verschicken, in einem Brief verschicken, ihn in Schönschrift auf einen visitenkartengroßen Zettel schreiben, diesen mit einer schönen Zeichnung versehen und dann laminieren, sodass man die Karte gut im Portemonnaie immer bei sich tragen kann, etc. Die Ideen werden im *Plenum* vorgestellt. Anschließend sucht sich jeder eine Idee aus und setzt sie um – ermuntern Sie die Jugendlichen, die Nachrichten/Briefe tatsächlich an jemanden zu verschicken bzw. die Basteleien wirklich jemandem zu schenken, der ihnen wichtig ist!

- Manche Menschen kritisieren den **Glauben an Engel**. Sie warnen davor, dass er den Glauben an Gott verdrängen bzw. Gott selbst in den Schatten stellen könnte. Veranstalten Sie dazu eine **Pro/Kontra-Debatte**: Die Schüler notieren dafür in *Partnerarbeit* stichwortartig mehrere Pro- und Kontra-Argumente. Dann kommen wieder alle im *Plenum* zusammen. Zwei Schüler nehmen vorn im Klassenraum Platz, sodass sie sich gegenübersitzen. Das Los entscheidet, wer von ihnen die Pro- und wer die Kontra-Meinung vertritt. Nun diskutieren sie und versuchen, den anderen mithilfe der zuvor notierten Argumente von ihrer Meinung zu überzeugen, während die Mitschüler die Debatte aufmerksam verfolgen. Die beiden Teilnehmer der Debatte haben je drei Joker zur Verfügung: Damit dürfen sie andere Schüler um Hilfe bitten, wenn ihnen kein passendes Gegenargument einfällt.

- Lassen Sie die Schüler einmal die Perspektive wechseln: Was denken die Engel wohl über die Menschen? Veranstalten Sie dazu eine **„Engel-Konferenz"**: Zunächst schreibt jeder Schüler in *Einzelarbeit* ein paar mögliche Gedanken auf. Zur „Konferenz" setzen sich dann im *Plenum* alle in einen Kreis und erzählen sich gegenseitig, was sie wieder Witziges, Komisches, Trauriges bei den Menschen beobachtet bzw. mit ihnen erlebt haben.
Ein Schüler bekommt den Auftrag, die Konferenz zu leiten. Er eröffnet, moderiert und beendet die Konferenz selbstständig (teilen Sie ihm dafür zu Beginn mit, wie lange die Konferenz dauern darf).
Je nach Bedarf sollten vor Konferenzbeginn die Kommunikationsregeln für solche Gruppengespräche wiederholt werden (z. B. nicht den anderen ins Wort fallen; sich melden, wenn man etwas sagen möchte; den anderen aufmerksam zuhören usw.).

Möglichkeiten der Weiterführung

Biblisch: Engel-Geschichten (z. B. *Verheißung der Geburt Jesu durch den Erzengel Gabriel* [Lukas 1,26–38]), *Bergpredigt* (Matthäus 5,1–7,29), *Ich bin das Licht der Welt* (Johannes 8,12)

Thematisch: Umgang mit Angst und Sorgen, Hoffnung schenken

Ideen für besondere Projekte

- Die Schüler schreiben einen **Dankesbrief an ihren persönlichen Schutzengel** und gehen darin auf verschiedene Situationen aus ihrem Leben ein, in denen er ihnen geholfen hat.
- Zeigen Sie den Schülern verschiedene **Engelbilder von Marc Chagall** und lassen Sie sie im Gruppenpuzzle dazu recherchieren und deren Bedeutung erarbeiten. Abschließend können die Schüler auch eigene Engelbilder malen.

Alles hat seine Zeit

(Prediger/Kohelet 3,1–15)

Worum geht's?

Themen: Umgang mit Zeit, bewusst im Hier und Jetzt leben, traurige Zeiten im Vertrauen auf die noch kommenden glücklichen Zeiten tapfer ertragen/ Vertrauen auf Gottes ausgleichende Gerechtigkeit, Hoffnung

Textgattung: Bücher der Weisheit

Inhalt/Hintergrund: Der Verfasser des Buchs Kohelet philosophiert über existenzielle Themen, darunter auch die Zeit und deren Vergänglichkeit. Er tritt wie ein König auf und lässt den Leser an seinen Lebenserfahrungen teilhaben. Der Autor hat die Ereignisse und Abläufe in seinem Umfeld vor Augen, doch geht es ihm darum, grundsätzlich zu erörtern, was den Menschen glücklich macht.

Bedeutung: Der Text erinnert den Menschen daran, dass alles vergänglich ist. Er ermuntert dazu, die jeweilige Zeit anzunehmen, sie bewusst wahrzunehmen und zu leben und sie ebenso bewusst zu gestalten. Auch ruft er ins Bewusstsein, dass die Zeit ein Geschenk Gottes ist, und vermittelt, dass der Mensch darauf vertrauen kann, dass alle Zeiten – auch dunkle – zu Gottes Plan gehören und dass immer auch wieder bessere, hellere Zeiten kommen werden.

Querbezug zur Lebenswelt der Schüler: Auch Jugendliche haben in ihrem Leben bereits die Erfahrung gemacht, dass man manchmal vor lauter Terminen und Verabredungen keine Zeit mehr hat bzw. sich so fühlt, als würde man der Zeit hinterherrennen. Oft müssen mehrere Dinge gleichzeitig erledigt werden oder man denkt bei einer Tätigkeit schon an die nächste, sodass es einem manchmal nicht gelingt, sich auf das, was man gerade jetzt tut, richtig zu konzentrieren oder sich ganz darauf einzulassen und es zu genießen. Bestimmt kennen die Jugendlichen auch das Gefühl, dass sie sich nach etwas Schönem zurücksehnen, das schon vergangen ist – sei es der letzte Urlaub, ein toller Abend mit den besten Freunden oder auch ein besonders leckeres Essen.
Auch haben einige Schüler sicherlich schon schwere Zeiten erlebt, in denen sie sehr traurig waren, auf die aber später doch wieder glücklichere Phasen folgten.

Unterrichtsideen

Ideen zum Einstieg

- Zeigen Sie den Schülern das ▄ **Musikvideo „Mit der Zeit"** von Andreas Bourani (z. B. auf YouTube®) und verteilen Sie den Songtext (alternativ können Sie auch die Lieder „Zu schnell vorbei" von Clueso oder „In diesem Moment" von Roger Cicero präsentieren). Sammeln Sie anschließend im *Plenum* die Eindrücke der Schüler:
    - ↪ Worum geht es in dem Text? Worauf möchte er aufmerksam machen?
    - ↪ Welche Beispiele aus ihrem Alltag finden die Schüler dazu?

Die Bibel für Schüler lebendig machen

- Die Schüler verteilen sich kreuz und quer im Raum und bilden Paare oder Kleingruppen. Jedes Team erhält ein **Preisschild**: Vorn steht ein Preis, z. B. 10,– €, und hinten eine Zeitangabe, z. B. „10 Minuten" oder „30 Minuten". In Partner- bzw. *Gruppenarbeit* überlegen die Schüler gemeinsam, was ihnen zu dem Schild einfällt, und diskutieren, wofür es stehen könnte. Anschließend werden die Ideen im *Plenum* gesammelt.

Ideen zur Besinnung/Meditation

Fordern Sie die Schüler dazu auf, einmal **auf ihr bisheriges Leben zurückzublicken, als wäre es ein Film:**
- In welchen Momenten hätten sie gern auf Pause gedrückt, um die Zeit anzuhalten, bzw. zu welchen Zeiten würden sie gern „zurückspulen"?
- In welchen Momenten hätten sie die Zeit gern „vorgespult"?

Teilen Sie dann die Vorlage „Mein Leben als Film" (siehe KV auf S. 91 und im Download) aus. Die Schüler notieren in den beiden leeren Video-Feldern positive (oben) und negative (unten) Momente. Sie können die Szenen auch zeichnen, statt sie aufzuschreiben.

Runden Sie die Meditation mit einem Dankesgebet ab. Formulieren Sie die Eröffnungsworte – z. B.: „Guter Gott, es gibt so viele Momente, für die wir dir danken möchten. Besonders dankbar bin ich für …" – und die Schüler führen den Satz der Reihe nach mit einem der positiven Momente, die sie auf ihrem Blatt notiert/gezeichnet haben, weiter.

Ideen zur Erarbeitung

- Bereiten Sie folgendes Tafelbild vor:

Stimmungsverlauf 1   Stimmungsverlauf 2

Die Jugendlichen äußern im *Plenum* ihre Eindrücke: Was wird dargestellt? (links geht es jemandem immer schlechter, rechts geht es jemandem immer besser). Anschließend überlegen sich die Schüler in *Partnerarbeit* konkrete Beispiele zu den beiden Stimmungsverläufen – was könnte z. B. passieren, damit die Stimmung eines Menschen immer weiter sinkt bzw. steigt?

Schließlich stellen sich die Schüler wieder im *Plenum* der Frage, was die Gefahren bei beiden Grafiken sind (man wird immer niedergeschlagener und depressiver bzw. die Stimmung wird immer besser, evtl. wird man sogar übermütig und „verliert die Bodenhaftung").
Lassen Sie die Schüler dann einen Bezug zum Bibeltext herstellen: Warum kann der **Text als Warnung** vor diesen beiden Stimmungsverläufen gedeutet werden?

- Die Schüler finden sich zu Paaren zusammen. In *Partnerarbeit* analysieren sie die Bibelstelle. Schreiben Sie für die **Text-Analyse** folgende vier Fragen an die Tafel:
  - ⮕ Um was für eine Art Text handelt es sich?
  - ⮕ Was passiert in dieser Geschichte und was ist der Höhepunkt?
  - ⮕ Mit welchen Textarten aus der Gegenwart könnte man ihn vergleichen?
  - ⮕ Wie aktuell ist der Text/welche Bezüge hat er zu unserem Alltag?

  Die Paare halten ihre Antworten stichwortartig fest. Die Auswertung folgt dann via **„World Café"**: Es stehen vier Tische im Raum, an die sich die Schüler verteilen. Jeder Tisch bespricht in *Gruppenarbeit* eine der vier Fragen und notiert die gesammelten Antworten auf einem DIN-A3-Blatt. Dann wechseln die Gruppen die Tische, lesen die Notizen der Vorgängergruppe und ergänzen diese. So geht es weiter, bis jede Gruppe wieder an ihrem Ausgangstisch angekommen ist und sieht, was die Mitschüler auf ihrem Blatt kommentiert haben.

- Der Bibeltext ist geprägt von Gegensätzen. Die Schüler notieren in *Einzelarbeit* weitere **Gegensätze aus der Gegenwart** oder ihrem Alltag (z. B. aufwachen/einschlafen; gute Noten/schlechte Noten; Schoko-Kuchen [süß]/Chips [salzig]). Im *Plenum* lesen dann alle ihre Beispiele vor.

- Gehen Sie mit Ihren Schülern der Frage nach, ob es sich bei dieser Bibelstelle um einen **optimistischen, hoffnungsvollen** oder um einen **pessimistischen** Text handelt: Teilen Sie die klasse in zwei Gruppen. Die Schüler der einen Gruppe versetzen sich in glückliche, die der anderen in traurige Menschen. Geben Sie den Jugendlichen unbedingt etwas Zeit, um sich in diese Rolle hineinzufühlen. Jeder schreibt aus seiner Perspektive heraus in *Einzelarbeit* auf, wie der Text auf ihn wirkt. Anschließend finden sich immer ein „glücklicher" und ein „trauriger" Schüler zusammen und lesen sich gegenseitig ihre Notizen vor. Diskutieren Sie anschließend im *Plenum*: Warum ist der Text sowohl optimistisch wie pessimistisch?

- Notieren Sie auf DIN-A4-Blättern einzelne Begriffe, z. B.:

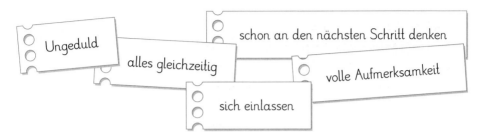

Verteilen Sie die **Begriffsblätter** im Raum und bitten Sie die Schüler, umherzuspazieren. Jeder liest die Begriffe, lässt sie auf sich wirken und überlegt in *Einzelarbeit*, was sie mit dem Bibeltext zu tun haben könnten. Sammeln Sie die Blätter wieder ein und heften Sie sie nacheinander an die Tafel. Dabei werden im *Plenum* zu jedem Begriff die Ergebnisse gesammelt.
- Notieren Sie an der Tafel die folgenden drei **Aussagen**:
  - „Ich lebe immer im Jetzt, ich mache mir keine Sorgen wegen morgen, ich grüble nicht über Vergangenes." (Anna, 21)
  - „Ich habe so viele Pläne, ich habe Lust auf so vieles, deshalb sind meine Tage immer so vollgepackt. Manchmal mache ich mehrere Dinge gleichzeitig, weil ich mich nicht entscheiden kann." (Ramon, 17)
  - „Auch wenn ich mich mit Freunden treffe, checke ich ständig mein Smartphone. Ich will wissen, was die anderen posten, was gerade in der Welt passiert." (Laura, 19)

  Die Schüler wählen nun in *Partnerarbeit* eine Aussage aus und skizzieren stichpunktartig die **Person**, die **hinter dieser Einstellung** steckt.
- Fordern Sie die Schüler dazu auf, in *Einzelarbeit* einmal darüber nachzudenken, wie sie **einen Tag ganz bewusst erleben** können. Jeder malt auf einem DIN-A4-Blatt in die Mitte eine Uhr als Symbol und notiert dann rundherum, was er an diesem ganz bewusst gestalteten Tag wie tun möchte. Die Schüler können sich dies z. B. für einen Wochenend- oder auch einen Ferientag überlegen. Aber auch ein Werktag kann ganz bewusst gestaltet werden – ermuntern Sie die Jugendlichen, sich auch hierzu Gedanken zu machen!

Ideen zur Sicherung/zum Abschluss

- Die Schüler versuchen in *Einzelarbeit* auf einem Zettel in einem Satz zusammenzufassen, was sie sich **beim Umgang mit der Zeit zukünftig abgewöhnen** bzw. vermeiden möchten. Anschließend liest im *Plenum* jeder der

Reihe nach seinen Satz vor, zerknüllt danach seinen Zettel und wirft ihn in den Papierkorb.

- Wie würde sich eine Internetseite, die auf die Botschaft des Bibeltextes aufmerksam machen möchte, nennen? – Die Schüler erfinden in *Partnerarbeit* eine **fiktive Web-Adresse** (z. B. www.lebe-bewusst.de oder www.geschenktezeit.de) und schreiben sie auf eine Karteikarte. Die Karten werden alle nebeneinander an die Tafel geheftet oder an eine Wäscheleine gehängt und die Schüler bekommen etwas Zeit, sich die einzelnen Vorschläge anzusehen. Anschließend erfolgt eine Abstimmung: Auf welchen Link würden die Schüler am ehesten klicken? Welche Adresse empfinden sie am ansprechendsten? Fordern Sie die Jugendlichen unbedingt auf, ihre Wahl zu begründen!
- Fassen Sie den Inhalt des Textes und/oder dessen Botschaft gemeinsam mit den Schülern in einer **Ideencollage** zusammen: Zeichnen Sie dafür einen großen Bilderrahmen an die Tafel und lassen Sie die Schüler hineinzeichnen, was sie in dem Rahmen „sehen", wenn sie an den Text denken (z. B. eine Uhr; eine Sonne, die hinter dunklen Wolken hervorkommt; sonstige Gegensatzpaare, die in den Anfangsversen vorkommen; eine Wellenlinie, die das Auf und Ab des Lebens beschreibt, usw.). Welche Details sollten unbedingt hinein? Sie können auch einen künstlerisch begabten Schüler bitten, die Ideen seiner Mitschüler für sie in das Bild zu zeichnen.

Möglichkeiten der Weiterführung

Biblisch: *Vom Licht unter dem Scheffel* (Matthäus 5,14–16)

Thematisch: seine Berufung finden und leben, auf seine Fähigkeiten vertrauen und diese zum Wohle aller einsetzen

Ideen für besondere Projekte

Thematisieren Sie den unterschiedlichen **Umgang mit Zeit in verschiedenen Kulturen**. In diesem Rahmen können die Schüler das afrikanische Sprichwort „Die Europäer haben die Uhren, wir haben die Zeit" kreativ umsetzen, z. B. in einer Zeichnung/einer Collage oder auch in einem kurzen Theaterstück.

KV: Mein Leben als Film

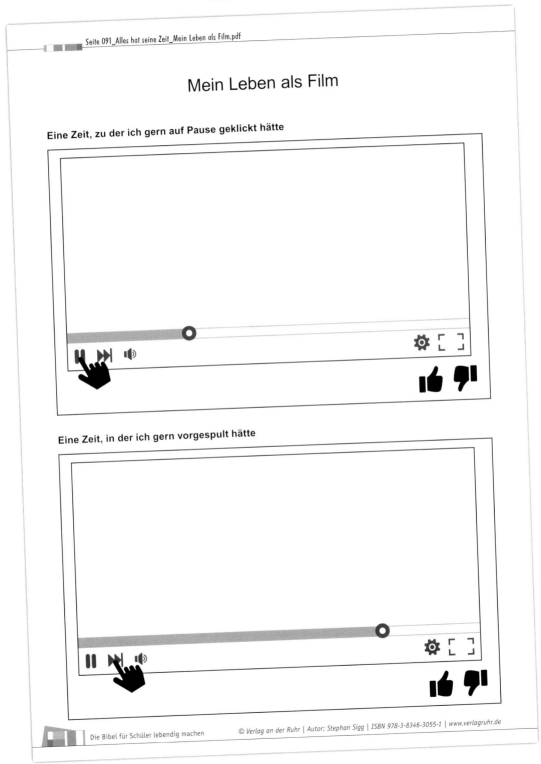

Teil II

Die Heilsankündigung Jesajas

(Jesaja 35,1–4)

Worum geht's?

Themen: prophetisches Reden/Visionen, Gott als Retter der Menschheit, Hoffnung, an positiven Visionen festhalten

Textgattung: Prophetenbücher

Inhalt/Hintergrund: Jesaja gehört zu den bedeutendsten Propheten des Alten Testaments. Er sagte den Völkern Juda, Israel und Assur das Gericht Gottes, aber auch eine Wende und den universalen Frieden voraus. Seine Heilsankündigung bildet eine wichtige Grundlage für das Neue Testament, das an mehreren Stellen Bezug auf Jesaja nimmt und in Jesus den von Jesaja verheißenen Retter erkennt.
Kapitel 35, in dem der Prophet von einer Zeit spricht, in der die Landschaften erblühen, die Menschen neue Kraft schöpfen und Gott Vergeltung üben wird, gehört zum ersten Teil des Buchs Jesaja. Die Forschung geht davon aus, dass die verschiedenen Teile von unterschiedlichen Autoren verfasst wurden.

Bedeutung: Jesaja schildert seine Prophezeiung, die er von Gott erhalten hat, in einer sehr symbolhaften Sprache. Mit diesen eindrucksvollen Bildern will er den Menschen Hoffnung schenken.

Querbezug zur Lebenswelt der Schüler: Die Jugendlichen sehen, lesen und hören täglich – in den Medien, in der Schule oder auch in ihrem privaten Alltag – dass es viel Schlechtes in der Welt gibt. Manchmal scheint alles sinn- und auswegslos – doch dieser Text macht Mut. Wir Menschen dürfen darauf vertrauen, dass Gott uns Heil schenkt. Auch heute gibt es „Propheten", die auf wichtige Entwicklungen aufmerksam machen und/oder uns auf bessere Zeiten vertrauen lassen. Sie sind nur nicht auf den ersten Blick als solche zu erkennen – dennoch sind solche Vorhersagen auch für Jugendliche ungemein wichtig, um optimistisch zu bleiben und hoffnungsvoll nach vorn zu schauen.

Die Heilsankündigung Jesajas

Unterrichtsideen

Ideen zum Einstieg

- Präsentieren Sie den Schülern die **aktuelle Wettervorhersage**, z. B. als Videoausschnitt in der Mediathek eines Nachrichtensenders oder als Screenshot eines Online-Wetternachrichtendiensts. Führen Sie einen kurzen Austausch im *Plenum* durch: Was ist das für eine Sendung bzw. für eine Information? Worum geht es da eigentlich genau? Anschließend werden die Schüler mit dem Bibeltext konfrontiert. Kommen Sie danach nochmals auf die Wettervorhersage zurück: Was sind die Gemeinsamkeiten, was sind die Unterschiede zwischen Text und Wettervorhersage?
- Die Klasse wird in zwei Gruppen geteilt. Die Schüler der ersten Gruppe erhalten einen zusammengefalteten Zettel – darauf steht geschrieben:

Prophezeiung/jemandem etwas prophezeien

Sie suchen sich zur *Partnerarbeit* eine Person aus der anderen Gruppe, die dann durch Fragen erraten muss, welcher Begriff gesucht wird. (Bei leistungsschwächeren Klassen ist es hilfreich, mit der ersten Gruppe zunächst zu klären, ob alle mit dem Begriff etwas anfangen können. Evtl. genügt es auch, wenn Sie auf dem Zettel ein paar Beispiele angeben.) Lassen Sie die Jugendlichen sich dann im *Plenum* über den **Begriff der Prophezeiung** austauschen: Wo sind die Schüler dem Begriff schon einmal begegnet? In welchen Zusammenhängen wird er verwendet? Die Schüler können auch konkrete Beispielsätze nennen, in denen diese Formulierung vorkommt (z.B. „In den Nachrichten wurde erwähnt, dass Umweltexperten große Umweltkatastrophen prophezeiten" oder „Die Wahrsagerin auf dem Jahrmarkt prophezeite mir ein langes und glückliches Leben").

Ideen zur Besinnung/Meditation

Die Schüler erhalten alle ein DIN-A3-Blatt und legen ihre Stifte bereit, damit sie gleich mit dem Zeichnen beginnen können. Laden Sie die Jugendlichen ein, die Augen zu schließen, während Sie den Bibeltext vorlesen. Anschließend malen die Schüler die Bilder, die beim Zuhören vor ihrem inneren Auge aufgetaucht sind – sozusagen direkt **„aus dem Kopf aufs Papier"**. Danach gehen alle von Bild zu Bild und betrachten die Ergebnisse. Wer möchte, kann seine Zeichnungen erläutern. Wichtig: Machen Sie die Schüler darauf aufmerksam, dass es eine Art „meditatives Zeichnen" ist. Es geht nicht darum, etwas möglichst Exaktes zu malen, sondern mit Farben und Formen die inneren Bilder auszudrücken. Schließen Sie mit einer kurzen Auswertung zu den beiden folgenden Fragen ab:

⮕ Welche Textstelle hat bei den Schülern besonders Eindruck gemacht?
⮕ Was war schwierig an der Aufgabe, seine Gedanken aufs Papier zu bringen?

Ideen zur Erarbeitung

- Stellen Sie den Schülern die Frage, wie wohl die Medien reagieren würden, **wenn Jesaja heute leben und seine Prophezeiungen verkünden würde**. Dazu überlegen sich die Schüler in *Partnerarbeit* verschiedene **Schlagzeilen** und schreiben diese auf Papierstreifen. Anschließend werden alle Papierstreifen in die Mitte gelegt. Im *Plenum* werden nun eventuell ähnliche Schlagzeilen geclustert und die Ideen werden besprochen: Lässt sich eine Richtung bestimmen, in die die meisten Schlagzeilen gehen? Warum dachten die meisten Paare an solch eine Reaktion der Medien? Sie können auch über die originellste Schlagzeile abstimmen lassen.
- Viele biblische Propheten – auch Jesaja – haben die Menschen kritisiert und sie gewarnt. Fordern Sie die Jugendlichen auf, sich **in die Menschen von damals hineinzuversetzen**: Was lösten diese Prophezeiungen wohl bei ihnen aus? Die Schüler erhalten Klebezettel in Sprechblasenform und schreiben in *Einzelarbeit* mögliche Kommentare der Menschen, die den Propheten zuhörten, hinein. Die Ergebnisse werden an die Tafel geklebt und dort im *Plenum* geclustert. Dann überlegen sich die Schüler zum Vergleich, wie die Menschen heute reagieren würden: Welche der notierten Kommentare würden heute auch vorkommen? Welche würden fehlen?
- Verteilen Sie verschiedene **Horoskope** aus aktuellen Zeitschriften und fordern Sie die Schüler dazu auf, die Texte in *Partnerarbeit* **mit den Worten Jesajas zu vergleichen**. Welche Unterschiede gibt es? Welche Gemeinsamkeiten fallen ihnen auf? Sammeln Sie die Ergebnisse anschließend im *Plenum*.
- Die Schüler setzen sich mit der Frage auseinander, was einen Propheten eigentlich ausmacht. Verteilen Sie dazu das Arbeitsblatt **„Merkmale von Propheten"** (siehe KV auf S. 97 und im Download). Die Schüler versuchen zunächst in *Einzelarbeit*, zu jedem der genannten Merkmale ein Bei-

spiel aus der Gegenwart zu finden und zu begründen, bevor die Ergebnisse im *Plenum* gesammelt und besprochen werden. Stellen Sie abschließend die Frage, inwiefern die Prophezeiungen Jesajas damals und auch heute wichtig waren und sind (u. a.: damals → Er hat den Menschen Hoffnung gemacht; heute → Bedeutung von Jesus als Retter).

- Erarbeiten Sie mit den Schülern die **Merkmale des prophetischen Sprechens**. Sammeln Sie zunächst im *Plenum*, was den Schülern an der Sprache Jesajas auffällt, und fordern Sie sie auf, daraus allgemeine Merkmale zu formulieren (z. B. „er spricht sehr theatralisch" oder „er verwendet viele Sprachbilder"). Halten Sie die Merkmale stichwortartig an der Tafel fest. Erfinden Sie dann gemeinsam mit den Schülern zwei bis drei fiktive Prophezeiungen als Beispiele, in denen möglichst viele dieser Merkmale vorkommen.

- Die Schüler **verfassen einen eigenen prophetischen Text**. Führen Sie als Vorbereitung im *Plenum* ein gemeinsames Brainstorming durch: Auf welche aktuellen/zukünftigen Themen, Probleme usw. könnte man heute in einer Prophezeiung zu sprechen kommen? (Bei leistungsschwächeren Klassen können Sie auch Themen vorgeben, z. B. Umweltverschmutzung, Arbeitslosigkeit, Flüchtlingskrise usw.) Welche „Formulierungen" sind typisch für eine Prophezeiung? Nachdem die Schüler in *Einzelarbeit* ihre Prophezeiungen formuliert haben, werden die Texte mit einem Partner getauscht: Jeder markiert in dem fremden Text mit zwei verschiedenen Farben:
  a) gelungene, überzeugende Passagen
  b) Passagen, die nicht zum Stil einer Prophezeiung passen oder nicht überzeugend genug formuliert sind

  Wichtig: Es müssen von beiden Kategorien gleich viele Passagen markiert werden! Anschließend erhalten die Schüler ihren Text zurück und überarbeiten ihn anhand der Kommentare des Partners. Schließlich werden die Prophezeiungen im *Plenum* vorgetragen.

Ideen zur Sicherung/zum Abschluss

- Veranstalten Sie ein **Argumente-Duell** zu der Frage: **War Jesaja ein Astrologe/Wahrsager?** Jeder überlegt sich in *Einzelarbeit* ein Pro- oder Kontra-Argument. Nun treten immer zwei Schüler gegeneinander an: Jeder schreibt sein Argument auf eine Hälfte der Tafel. Die Mitschüler bewerten, welches Argument ihrer Meinung nach mehr überzeugt und warum. Danach sind die nächsten beiden Schüler an der Reihe.

- Bereiten Sie für jeden Schüler einen Zettel vor, auf dem eine Aussage steht, bei der die Schüler begründen sollen, warum es sich (im biblischen Sinne) um **(k)eine Prophezeiung** handelt. Mögliche Sätze wären z. B.:
  - Morgen um 8.00 Uhr sitzen wir alle in der Schule.
  - Immer mehr Menschen werden krank, weil das Leben zu stressig ist.
  - Du wirst morgen einen Hunderteuroschein finden.
  - In 100 Jahren wird es keine Gletscher mehr geben. Bis dahin sind alle aufgrund der Erderwärmung geschmolzen.
  - Gott wird alle belohnen, die sich für Frieden und Gerechtigkeit einsetzen.
  - In eurer Klasse sind alle Einzelkämpfer. Nur wenige setzen sich für andere ein. Immer mehr Schüler werden die Freude an der Schule verlieren.

  Die Schüler lesen ihre Sätze im *Plenum* der Reihe nach vor, nennen ihre Einschätzung und begründen diese (z.B. für „Morgen um 8.00 Uhr ..." → keine Prophezeiung, der Satz geht von einer Tatsache aus; für „Immer mehr Menschen ..." → hat den Charakter einer Prophezeiung, er geht von einer Beobachtung aus, beruht aber nicht auf einer konkreten Statistik).
- Jeder Schüler schreibt in *Einzelarbeit* eine **persönliche, positive „Kurz-Prophezeiung"** für die Zukunft eines Freundes/seiner Familie o. Ä. Wer möchte, kann diese anschließend im *Plenum* vortragen. Ermuntern Sie die Schüler, ihre Prophezeiungen auch tatsächlich der Person vorzulesen, an die sie gerichtet ist!

Möglichkeiten der Weiterführung

Biblisch: *Die Geburt Jesu* (Lukas 2,1–20)

Thematisch: Mut haben, seine Meinung mitzuteilen und gegen den Strom zu schwimmen; Zivilcourage

Ideen für besondere Projekte

Jeder Schüler recherchiert im Internet zu einem der **biblischen Propheten** und bereitet ein **Kurzreferat** dazu vor. Darin sollten sowohl Angaben zur Person des Propheten vorkommen als auch eine Zusammenfassung der wichtigsten Inhalte seiner Prophezeiungen.

KV: Merkmale von Propheten

Merkmale von Propheten

○ **die Mächtigen kritisieren, ohne Angst vor den Folgen**
○
○ aktuelles Beispiel: ....
○
○ ....

○ **auch gegen Widerstand eine unangenehme Wahrheit mit Überzeugung vertreten**
○
○ aktuelles Beispiel: ....
○
○ ....

○ **sich für die Benachteiligten einsetzen**
○
○ aktuelles Beispiel: ....
○
○ ....

○ **einfache Lösungen für die selbst aufgezeigten Probleme vorschlagen**
○
○ aktuelles Beispiel: ....
○
○ ....

○ **sein ganzes Leben nach seiner Überzeugung ausrichten**
○
○ aktuelles Beispiel: ....
○
○ ....

Die Bibel für Schüler lebendig machen © Verlag an der Ruhr | Autor: S. Sigg | Abbildung: © flash100/fotolia.com | ISBN 978-3-8346-3055-1

Teil II

Die Geschenke der Sterndeuter

(Matthäus 2,10–11)

Worum geht's?

Themen: Jesu Geburt, Weihnachten feiern, (Weihnachts-)Geschenke, die Kunst des Schenkens

Textgattung: Evangelium

Inhalt/Hintergrund: Nicht nur die Hirten von den umliegenden Feldern kommen zur Krippe von Jesus, sondern auch Sterndeuter machen sich auf den Weg und bringen Jesus drei wertvolle Geschenke: Gold, Weihrauch und Myrrhe.

Bedeutung: Gold war bereits zu biblischen Zeiten ein Symbol der Macht. Der Weihrauch, ein uraltes Symbol der Gottesverehrung, macht deutlich, dass es sich bei dem Kind in der Krippe um etwas Göttliches, etwas Besonderes handelt. Und die Myrrhe, die Medizin, betont, dass die Sterndeuter das Jesuskind nicht nur für etwas Göttliches halten, sondern auch für einen Menschen. Gleichzeitig steht die Myrrhe für das erahnte Leid, das Schicksal Jesu, denn in der damaligen Zeit war es üblich, die Toten mit Myrrhe einzubalsamieren.

Querbezug zur Lebenswelt der Schüler: Dieser Brauch macht auch vor Jugendlichen nicht Halt: Kaum beginnt der Advent, starten die Jagd und Suche nach passenden Geschenken für Familie und Freunde. Dabei ist es manchmal gar nicht so leicht, das „richtige" Geschenk zu finden; und unter dem Weihnachtsbaum gab es sicherlich auch in den Familien Ihrer Schüler schon einmal enttäuschte Mienen oder gar Tränen, wenn das „falsche" Geschenk dabei war. Dabei ist es hilfreich, einmal nachzuforschen, woher die Tradition der Weihnachtsgeschenke eigentlich kommt. Worin besteht der Zusammenhang zwischen Geschenken und der Geburt von Jesus? Ebenso wichtig ist es, zu klären, worauf es beim Schenken an Weihnachten ankommt. – Anhand der Bibelstelle von den drei Sterndeutern setzen sich die Jugendlichen mit dem biblischen Ursprung auseinander und erarbeiten anhand dieser Geschichte den Sinn und Unsinn von Geschenken.

Unterrichtsideen

Ideen zum Einstieg

- Bringen Sie ein hübsch eingepacktes (Weihnachts-)Geschenk mit und legen Sie es in die Mitte eines Stuhlkreises, den die Schüler zuvor gebildet haben (Sie können auch einfach einen leeren Karton in Geschenkpapier wickeln und eine Schleife darum binden). Die Jugendlichen betrachten das Geschenk und lassen es auf sich wirken, dann äußern sie im *Plenum* ihre Gedanken:
  - ⮕ Welche Stichwörter kommen ihnen in den Sinn?
  - ⮕ Welche Erinnerungen fallen ihnen ein? Zu welchen Gelegenheiten/ aus welchem Grund haben sie schon Geschenke bekommen?

  Anschließend erhalten alle Schüler den Fragebogen **„Schenken und beschenkt werden"** (siehe KV auf S. 104 und im Download) und füllen ihn in *Einzelarbeit* aus. Werten Sie den Fragebogen abschließend im *Plenum* aus: Bei welchen Antworten taten sich die Schüler besonders schwer und warum?

- Alle Schüler erhalten von Ihnen ein kleines **Schokoladenherz**. Die Schokolade darf allerdings erst nach der Stunde gegessen werden! Lassen Sie die Jugendlichen im *Plenum* die Frage diskutieren, welche Bedeutung dieses Geschenk haben bzw. welche Symbolik dahinterstecken könnte (z. B.: „Das Schoko-Herz ist als herzliches Dankeschön gedacht" oder: „Das Geschenk kommt von Herzen" etc.). Anschließend hören oder lesen die Schüler den Bibeltext und überlegen sich in *Gruppenarbeit*, welche Symbolik hinter den drei Geschenken der Sterndeuter stecken könnte.

- Zeigen Sie der Klasse ein **Video von den Sternsingern** (zu finden auf YouTube®) und besprechen Sie es im *Plenum* mit den Schülern, um deren Vorwissen zu aktivieren und alle auf denselben Stand zu bringen:
  - ⮕ Was wissen sie über den Brauch?
  - ⮕ Auf welche Ursprünge geht er zurück?
  - ⮕ Waren die Schüler selbst schon mal als Sternsinger unterwegs?

- Bereiten Sie fünf DIN-A3-Plakate vor, auf die Sie jeweils eins der folgenden **Statements zum Thema Weihnachtsgeschenke** schreiben:
  - ⮕ „Weihnachten ohne Geschenke? – Undenkbar!"
  - ⮕ „Die unsichtbaren Geschenke sind die wertvollsten."
  - ⮕ „Weihnachtsgeschenke haben mit der Bedeutung von Weihnachten eigentlich nichts zu tun."

➲ „Bei Weihnachtsgeschenken gilt: Weniger ist mehr!"
➲ „Egal was man geschenkt bekommt: Man freut sich über jedes Geschenk."

Hängen Sie die Plakate gut verteilt im Klassenraum auf oder legen Sie sie aus. Die Schüler spazieren mit einem Stift in der Hand herum, lesen die Statements und schreiben in *Einzelarbeit* zustimmende und ablehnende Kommentare auf die Plakate. Sie dürfen auch Kommentare ihrer Mitschüler kommentieren oder ergänzen. Danach werden die Plakate zusammen an die Tafel gehängt und im *Plenum* präsentiert und ausgewertet: Fünf Schüler kommen nach vorn und jeder liest je ein Statement und die dazugehörigen Kommentare laut vor. Falls ein Kommentar schlecht lesbar oder nicht verständlich ist, dürfen die Schüler beim Autor nachfragen. Dann bespricht die Klasse die folgenden Fragen:

➲ Welches Statement hat mehr Zustimmungen als Ablehnungen bekommen?
➲ Welches wurde eher ablehnend kommentiert?
➲ Bei welchem Statement gab es besonders gegensätzliche Kommentare? Woran könnte das liegen?
➲ Welche Einstellungen zu Weihnachtsgeschenken kommen in den Statements oder Kommentaren zum Ausdruck?

Die Antworten werden an der Tafel festgehalten. Leiten Sie danach zur Grundsatzfrage über: Haben Weihnachtsgeschenke tatsächlich etwas mit Weihnachten zu tun? Anstatt eine Antwort zu bekommen, lesen die Schüler den Bibeltext.

Ideen zur Besinnung/Meditation

In der Mitte steht ein schön verziertes Weihnachtspäckchen, z.B. eine Schachtel, deren Deckel sich leicht öffnen lässt. Darin sind mehrere weiße und vier blaue Zettel zu finden. Auf letzteren steht jeweils einer der folgenden Sätze:

➲ „Auf meine Freunde kann ich mich immer verlassen!"
➲ „Ich liebe es, wenn es schneit."
➲ „An jedem Morgen geht die Sonne auf und bringt Licht."
➲ „Ausschlafen am Wochenende!"

Die Schüler sitzen im Kreis. Eröffnen Sie die Meditation mit den Worten: „Nicht nur unter dem Weihnachtsbaum liegen tolle Geschenke. Jeden Tag werden wir mit vielen Dingen reich beschenkt und glücklich gemacht." Das Päckchen wird herumgereicht. Der erste Schüler nimmt einen blauen Zettel und liest den Text darauf laut vor. In der folgenden Stille denken die Jugendlichen über den Satz nach. Dann wird das Päckchen weitergereicht und der nächste blaue Zettel ist an der Reihe. Am Schluss liegen nur noch die leeren, weißen Zettel. Auf diese können die Schüler noch weitere Ideen aufschreiben. Alternativ können Sie mit den Schülern zur Besinnung auch ein Sternsinger-Lied singen.

Ideen zur Erarbeitung

- Vervielfältigen und zerschneiden Sie die Kopiervorlage „**Gold, Weihrauch und Myrrhe**" (auf S. 105 und im 📥 Download), sodass jeder Schüler entweder einen Gold-, einen Weihrauch- oder einen Myrrhe-Text bekommen kann. Verteilen Sie die Papierstreifen und geben Sie den Schülern Zeit, ihren Text in *Einzelarbeit* in Ruhe zu lesen. Anschließend werden 3er-Gruppen gebildet, bestehend aus je einem Gold-, einem Weihrauch- und einem Myrrhe-Experten. In *Gruppenarbeit* erklären sich die Schüler nun gegenseitig die Geschenke der Sterndeuter, wobei sie, jeweils ohne auf ihren Zettel zu gucken, mit eigenen Worten wiedergeben, welche **Bedeutung** das jeweilige Geschenk hat. Anschließend überlegen die Gruppen, welche **Gemeinsamkeiten** die drei Geschenke haben (z. B. sind es alles symbolische Geschenke, alle sind sehr wertvoll etc.), bevor im *Plenum* die Ergebnisse gesammelt werden. Schließlich wird die Frage besprochen, ob es sich bei diesen drei Geschenken um sinnvolle Geschenke für Jesus handelt.
- Bereiten Sie eine **Gegenüberstellung an der Tafel** vor. Schreiben Sie links: „Welche Geschenke bekommen Babys heute zur Geburt?" und rechts: „Welche Geschenke bekam Jesus zur Geburt?" Die Klasse stellt sich vor der Tafel auf. Eine Kreide zirkuliert, die Schüler schreiben, ohne zu sprechen, ihre Ideen unter die beiden Fragen. Danach werden die Ergebnisse im *Plenum* mündlich besprochen:
  ➲ Warum bekommen Neugeborene Geschenke? Warum bekam Jesus welche?
  ➲ Welche Bedeutung haben die Geschenke? Was soll damit zum Ausdruck kommen?
- Schreiben Sie die Aussage „Das größte bzw. beste Geschenk, das die Menschen an Weihnachten bekommen, ist Jesus" an die Tafel und fordern Sie die Schüler auf, dazu in *Einzelarbeit* Stellung zu nehmen. Warum und wie ist **Jesus für die Menschen ein Geschenk**? Tragen Sie dann im *Plenum* die Ideen der Schüler an der Tafel zusammen.
- Die Jugendlichen erarbeiten in *Gruppenarbeit* Tipps, wie man ein Geschenk finden kann, das dem Beschenkten wirklich Freude macht (z. B. indem man sich in den Beschenkten hineinversetzt, ihm vorher aufmerksam zuhört/

ihn beobachtet etc.). Die Gruppen fassen ihre Ideen auf einem **Plakat „Die Kunst des Schenkens"** zusammen und präsentieren dieses im *Plenum*.
- Die Schüler diskutieren in *Gruppenarbeit* zu der Frage: **Wie können wir für andere Menschen ein Geschenk sein?** Dabei überlegen sich die Gruppen konkrete Beispiele für verschiedene Kategorien (z. B. in der Schule, Familie, unter Nachbarn, im Sport, Straßenverkehr usw.) und legen daraus eine Tabelle an. Am Ende werden die besten Ideen im *Plenum* an der Tafel in einer Klassentabelle zusammengetragen.
- Die Schüler recherchieren in *Einzelarbeit* auf der Homepage www.zeit-statt-zeug.de zum Thema **„Zeit verschenken"**. Dann erarbeiten sie in *Partnerarbeit* folgende Fragen:
  ⊃ Was ist die Idee dieser Homepage? Worum geht es?
  ⊃ Welche konkreten Geschenkbeispiele haben sie entdeckt?
  ⊃ Was ist ihre persönliche Meinung zu dieser Aktion?
  Sammeln Sie die Ergebnisse im *Plenum* und lassen Sie die Schüler eigene Zeitgeschenkideen entwickeln!

Ideen zur Sicherung/zum Abschluss

- Führen Sie eine **Pro-/Kontra-Diskussion zum Thema Weihnachtsgeschenke** durch: Die Klasse wird in eine Pro- und eine Kontra-Gruppe geteilt. In *Gruppenarbeit* überlegen sich die Jugendlichen so viele Pro- bzw. Kontra-Argumente wie möglich und jeder Schüler notiert die Argumente für sich. Wichtig: Es sollen dabei möglichst viele der Inhalte, die in der Stunde erarbeitet wurden, berücksichtigt werden. Anschließend finden sich immer je zwei Pro- und zwei Kontra-Vertreter zusammen. Die Schüler debattieren miteinander und versuchen, die anderen von ihrer Meinung zu überzeugen. Erinnern Sie die Schüler ggf. daran, dass sie mit Argumenten und nicht mit Lautstärke überzeugen sollen!

Möglichkeiten der Weiterführung

Biblisch: *Ich bin das Licht der Welt* (Johannes 8,12)

Thematisch: Vertiefung der Tradition der Sternsinger, der Dreikönigstag am 6. Januar, Diakoniearbeit

Ideen für besondere Projekte

- Führen Sie mit den Schülern eine **Wichtel-Aktion** durch. Falls zuvor Plakate zur Kunst des Schenkens entwickelt wurden (siehe Ideen zur Erarbeitung), können die Schüler bei der Wahl eines Wichtelgeschenks auf die darauf stehenden Tipps zurückgreifen. Ansonsten sollten solche Tipps vorab gemeinsam besprochen werden.
  Statt Geschenken können die Schüler auch **Ideen wichteln**, um den Fokus noch mehr darauf zu lenken, wie schön nicht nur das Beschenktwerden, sondern auch das Schenken sein kann: Jeder schreibt in Schönschrift auf einen bunten Zettel eine kleine Idee, wie man einem Menschen mit wenig Aufwand einen schönen Moment schenken kann – z. B.: Sage heute jemandem auf der Straße „Guten Tag!" Alle Zettel werden zusammengefaltet und in einem Karton o. Ä. gesammelt. Jeden Tag im Advent zieht ein Schüler einen Zettel und bekommt so eine Anregung, wie er jemanden kostenlos beschenken kann. Ermuntern Sie die Jugendlichen, die Anregungen auch tatsächlich umzusetzen!
- Hängen Sie an der Pinnwand o. Ä. ein leeres Plakat mit der Überschrift „**Sinnvolle Geschenkideen**" auf. Dieses dient nun während des ganzen Schuljahrs als **offene Ideensammlung**: Wann immer einem Schüler eine Idee für ein sinnvolles Geschenk einfällt (das nicht nur für eine ganz bestimmte Person funktioniert), schreibt er es auf das Plakat, sodass die anderen sich davon inspirieren lassen können.

KV: Fragebogen: Schenken und beschenkt werden

Fragebogen: Schenken und beschenkt werden

Wie stehst du zum Thema „Geschenke"? Welche Erfahrungen hast du bisher damit gemacht? – Vervollständige die Satzanfänge für dich persönlich, indem du von links nach rechts die Balken ausmalst. Je mehr Felder du ausmalst, desto näher stehst du an dem Satzende, das rechts steht.

Über Geschenke freue ich mich …

selten — immer

Ich habe am Schenken …

wenig Freude — sehr viel Freude

Gute Geschenkideen zu finden, ist …

einfach — schwer

Die Anzahl der Geschenke, die ich bekommen habe und mit denen ich nichts anfangen konnte, ist …

niedrig — hoch

Die Anzahl der Geschenke, die ich bekommen habe und von denen ich sehr lange etwas hatte, ist …

niedrig — hoch

Die Bibel für Schüler lebendig machen © Verlag an der Ruhr | Autor: Stephan Sigg | ISBN 978-3-8346-3055-1 | www.verlagruhr.de

KV: Die Geschenke der Sterndeuter

Gold, Weihrauch und Myrrhe

Gold

Gold steht für Reichtum und Macht. Das ist schon seit Jahrtausenden so. Aufgrund seiner chemischen Beschaffenheit ist Gold der „König unter den Metallen": Andere Metalle, wie Silber und Kupfer, werden im Laufe der Zeit durch äußere Einflüsse angegriffen. Trockene Luft, Wasser und Sauerstoff schaden den Metallen und lassen sie zerfallen. Gold hingegen rostet nicht. Es bewahrt seine Farbe, seinen Glanz und seine Beschaffenheit – bis in alle Ewigkeit. Könnte es ein besseres Geschenk für Jesus geben, der als „Königskind" bezeichnet wird?

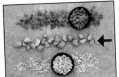

Weihrauch

Die Pflanze, aus der Weihrauch gewonnen wird, wächst nur in ganz wenigen Regionen – dort, wo Wüste und Berge einander begegnen, z. B. im Süden Arabiens. Der Duft des Weihrauchs vertreibt Ungeziefer. Schon die alten Ägypter setzten Weihrauch ein, um herausragende und vermögende Personen nach ihrem Tod einzubalsamieren. Weihrauch wirkt außerdem desinfizierend und entzündungshemmend und war deshalb auch schon in der Antike als Heilmittel im Gebrauch.

Myrrhe

Der Begriff kommt von dem alten arabisch-afrikanischen Wort *murr*, was „bitter" bedeutet. Bei Myrrhe handelt es sich um ein Harz des Commiphora myrrha-Baumes, der zur Familie der sogenannten Balsambaumgewächse gehört. Der getrocknete, gelb-braune Harz wird schon seit Jahrtausenden im Jemen, in Äthiopien, im Sudan und in Somalia gewonnen und vor allem als Heilmittel verwendet, denn Myrrhe hat eine schmerzlindernde Wirkung. Mit diesem Geschenk zeigen die Sterndeuter: Jesus ist ein Mensch, der wie wir Krankheit und Leid erfahren kann. So weist die Myrrhe auf das Leiden hin, das Jesus erwartet – auf seinen Tod am Kreuz.

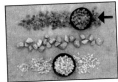

Die Bibel für Schüler lebendig machen © Verlag an der Ruhr | Autor: S. Sigg | Abbildung: © marilyn barbone/fotolia.com | ISBN 978-3-8346-3055-1

Teil II

Die Bergpredigt

(Matthäus 5,1–7,29)

Worum geht's?

Themen: Trost spenden, Solidarität/Nächstenliebe, Gerechtigkeit, Hoffnung, Vertrauen auf Gottes Hilfe, Leben in Gemeinschaft, Diakonie

Textgattung: Evangelium

Inhalt/Hintergrund: Die Bergpredigt gilt als eine der Schlüsselstellen des öffentlichen Auftretens bzw. der Botschaft Jesu. Sie markiert in der Bibel den Beginn seines öffentlichen Wirkens. In ihr sind all seine zentralen Anliegen zusammengefasst – so wird sie auch als „Ethik Jesu" bezeichnet. Ein Teil der Bergpredigt besteht aus den sogenannten Seligpreisungen (Matthäus 5,3–12), mit denen Jesus die Menschen zu friedfertigem Verhalten auffordert und gleichzeitig jenen in Not und Bedrängnis Trost spendet.

Bedeutung: Die Bergpredigt ist eine Predigt der Verheißungen, die den Zuhörern vor allem Mut machen soll: Gott wird sie alle von ihren Ängsten und Sorgen erlösen und ihnen Freude schenken. So ist der ganze christliche Glaube von der Perspektive der Hoffnung geprägt.

Querbezug zur Lebenswelt der Schüler: Auch die Jugendlichen müssen mit Rückschlägen, Scheitern und anderen negativen Erlebnissen umgehen. Jeder weiß, wie gut es tut, wenn einem in solchen Momenten jemand Mut zuspricht. Gleichzeitig werden die Schüler in den Medien, in der Schule etc. tagtäglich damit konfrontiert, dass es auf der Welt – auch in unserer unmittelbaren Nähe – viele Not leidende Menschen gibt. Es ist wichtig, den Jugendlichen zu vermitteln, dass es unser aller Aufgabe ist, auf diese Menschen Rücksicht zu nehmen, ihnen beizustehen und sie zu trösten. Womöglich kommen irgendwann andere Zeiten, in denen wir Zuspruch und Hilfe benötigen, und dann sind wir froh, wenn jemand anders für uns da ist.

Unterrichtsideen

Ideen zum Einstieg

- Projizieren Sie den Bibeltext an die Wand und geben Sie den Schülern ausreichend Zeit, ihn in *Einzelarbeit* in Ruhe zu lesen. Dann wird der Text ausgeblendet. In einer **Murmelrunde** rekapitulieren die Schüler den Text, indem sie versuchen, sich möglichst viel davon in Erinnerung zu rufen, und sich in *Partnerarbeit* mit ihrem Nachbarn in „Murmellautstärke" darüber austauschen.
- Bereiten Sie ein Arbeitsblatt mit den acht **Seligpreisungen** vor, das Sie an alle Schüler verteilen. Die Jugendlichen lesen die Verse durch und **priorisieren** sie dann in *Einzelarbeit*, indem sie die Seligpreisungen von 1 (= sehr wichtig) bis 8 (= am wenigsten wichtig) durchnummerieren. Anschließend werden Paare gebildet und die Ergebnisse in *Partnerarbeit* verglichen und diskutiert.
- Notieren Sie an der Tafel die Überschrift: **„Andere aufmuntern/trösten; jemandem Mut machen"** und legen Sie darunter eine Tabelle an: Die linke Spalte ist mit „Dos" überschrieben, die rechte mit „Don'ts". Die Schüler überlegen sich in *Einzelarbeit* Beispiele, kommen nach vorn und schreiben sie in die Tabelle, sodass eine **ToDo-Liste** und eine **NotToDo-Liste** entsteht. Anschließend werden die beiden Listen im *Plenum* diskutiert. Was sind die größten Fettnäpfchen, in die man beim Trösten treten kann?
- Führen Sie im *Plenum* ein kurzes mündliches **Brainstorming** durch: Was fällt den Jugendlichen **zum Stichwort „Predigt"** ein? Welche Funktion hat sie? Welche Inhalte werden gepredigt? Welche Elemente enthält die Predigt in der Regel (z. B. Aufruf, Aufforderungen usw.)?

Ideen zur Besinnung/Meditation

Notieren Sie an der Tafel verschiedene Begriffe, wie z. B.: Krankheit, Erdbeben, Stellenabsage, Arbeitslosigkeit, Drogensucht, Trennung, Krieg, Flucht.
Teilen Sie an die Jugendlichen Teelichter aus und entzünden Sie eine große Kerze auf dem Lehrerpult. Laden Sie die Schüler ein, an **Menschen** zu denken, **denen es momentan** aufgrund der an der Tafel stehenden Schicksalsschläge **nicht gut geht**. Anschließend kommen die Schüler nacheinander nach vorn, entzünden ihr Teelicht an der großen Kerze und stellen es um diese herum. Dabei formulieren sie laut oder still für sich passend zu einem der Beispiele an der Tafel ein **Gebet** für die betroffenen Menschen.

- Führen Sie eine **Smiley-Gegenüberstellung** durch: Jeder Schüler erhält ein DIN-A5-Blatt, auf dem vorn ein großes ☹ und hinten ein großes ☺ aufgedruckt ist. Die Jugendlichen notieren rund um das ☹ aktuelle Schwierigkeiten, Herausforderungen, Rückschläge usw., die sie gerade belasten oder bedrücken. Danach schreiben sie auf die ☺-Seite, worum sie Gott bitten oder wofür sie dankbar sind.

Ideen zur Erarbeitung

- Konfrontieren Sie die Schüler mit einer **„modernen Version der Seligpreisungen"** (siehe KV „Seligpreisungen mal anders" auf S. 110 und im Download), so wie sie heute lauten könnten – zumindest hat man im 21. Jahrhundert manchmal das Gefühl, dass viele Menschen eher nach solchen Formeln leben als nach den alten Worten, wie sie uns von Jesus überliefert sind. Die Jugendlichen lesen die abgewandelten Seligpreisungen und vergleichen sie in *Partnerarbeit* mit der biblischen Version: Was sind die wesentlichen Unterschiede?
- Die Schüler konkretisieren die **Seligpreisungen**, indem sie sie **in die Gegenwart übertragen**: Zunächst werden im *Plenum* in einem Brainstorming an der Tafel Beispiele von Menschen aus der ganzen Welt gesucht, die aktuell in Not sind (z. B. Flüchtlinge, Opfer einer Epidemie oder einer Naturkatastrophe, Arbeitslose …). Die Schüler verfassen dann analog zum biblischen Original in *Einzelarbeit* für drei der an der Tafel notierten „Zielgruppen" eine aktuelle Seligpreisung. Diese werden später im *Plenum* verglichen.
- Lassen Sie die Schüler in *Gruppenarbeit* erarbeiten, welche **konkreten Verhaltenstipps für den Alltag** aus den biblischen Seligpreisungen abgeleitet werden können. Jede Gruppe erstellt eine Liste mit mindestens acht Tipps und präsentiert diese anschließend im *Plenum* den anderen Gruppen.
- Teilen Sie den Schülern einen leeren **Steckbrief zu Jesus** aus (siehe KV auf S. 111 und im Download) und fordern Sie sie auf, diesen anhand der Informationen, die die Bergpredigt uns über Gottes Sohn verrät, in *Einzelarbeit* auszufüllen. Anschließend werden die Steckbriefe in einem Galeriegang präsentiert und verglichen.
- Teilen Sie die Klasse in ca. fünf bis acht Gruppen. Jede setzt sich mit einer anderen **Seligpreisung** auseinander. Ziel ist es, **Inhalt und Deutung** des jeweiligen Verses in Form eines **Plakats** darzustellen. Die in der *Gruppenarbeit* entstandenen Ergebnisse werden anschließend im *Plenum* in einer „Vernissage" präsentiert. Je ein Vertreter jeder Gruppe stellt das Plakat vor.

Ideen zur Sicherung/zum Abschluss

- Schreiben Sie die Seligpreisungen auf einzelne Zettel, wobei auf einem Zettel immer nur der erste oder der zweite Teil einer Seligpreisung steht. Sie erhalten also 16 verschiedene Zettel. In größeren Klassen können Sie manche Seligpreisungen doppelt aufschreiben, damit jeder Schüler einen Zettel bekommt. Lassen Sie die Jugendlichen je einen Zettel ziehen. Dann gehen alle im Raum umher. Dabei sollen sie ihren **Partner finden**, der das **passende Gegenstück** zu ihrem Satzteil hat. Sobald sich alle Paare gefunden haben, lesen alle ihre vollständigen Seligpreisungen vor.
- Wie können die Bergpredigt bzw. die Seligpreisungen **im Alltag eine Quelle der Hoffnung** werden? Zu dieser Frage überlegen sich die Schüler in *Partnerarbeit* konkrete Ideen (z. B.: den Text lesen, wenn es einem nicht so gut geht, usw.) und tauschen sich dann mit einem anderen Paar darüber aus.
- Die Schüler schreiben in *Einzelarbeit* einen **„Brief der Hoffnung"** an einen Menschen in Not. Dabei kann es sich z. B. um einen Flüchtling, ein Opfer einer Naturkatastrophe usw. handeln oder auch um einen Menschen aus der eigenen Familie oder dem eigenen Bekanntenkreis. Die Jugendlichen sollten versuchen, in dem Brief Bezug auf die Seligpreisungen zu nehmen. Wenn die Schüler damit einverstanden sind, werden die Briefe anschließend im Klassenraum aufgehängt.

Möglichkeiten der Weiterführung

Biblisch: *Die Zehn Gebote* (Exodus 20,1-21), *Die Goldene Regel* (Matthäus 7,12)

Thematisch: Nächstenliebe – was heißt das konkret?, Vergeben lernen, Beten

Ideen für besondere Projekte

Die Schüler planen als Klasse oder in zwei bis drei Gruppen ein konkretes „Benefizprojekt" (z. B. eine Altkleidersammlung für ein Flüchtlingsheim organisieren oder ein Paket mit Lebensmitteln für einen Obdachlosen zusammenstellen). Sie erarbeiten die Idee selbstständig, stellen sie Ihnen bzw. der ganzen Klasse vor und setzen sie anschließend um. Achten Sie darauf, dass die Schüler realistische Projektideen ins Auge fassen!

KV: Seligpreisungen einmal anders

Seite 110_Bergpredigt_Seligpreisungen anders.pdf

Seligpreisungen einmal anders

Selig, wer immer an sich selber denkt, denn der wird seinen Kopf durchsetzen können.

Selig, wer nichts mit anderen teilt, denn der wird immer im Geld schwimmen.

Selig, wer aggressiv zu anderen ist, denn der wird allen Angst einjagen.

Selig, wer einen durchtrainierten Körper hat, denn der wird von allen bewundert werden.

Selig, wer sich nicht um Kranke und Alte kümmert, denn der wird viel mehr Zeit für sich selbst haben.

Selig, wer immer ganz laut brüllt, denn der wird gehört werden.

Die Bibel für Schüler lebendig machen © Verlag an der Ruhr | Autor: S. Sigg | Abbildung: © flash100/fotolia.com | ISBN 978-3-8346-3055-1

KV: Gottes Sohn in einem Steckbrief

Seite 111_Bergpredigt_Gottes Sohn_Steckbrief.pdf

Gottes Sohn in einem Steckbrief

Name: Jesus

Das ist ihm wichtig: ....

Er setzt sich ein für: ....

Er kann nichts anfangen mit: ....

So macht er anderen Mut und gibt ihnen Hoffnung: ....

Die Bibel für Schüler lebendig machen © Verlag an der Ruhr | Autor: S. Sigg | Abbildung: © K.-U. Häßler/fotolia.com | ISBN 978-3-8346-3055-1

Die Goldene Regel

(Matthäus 7,12)

Worum geht's?

Themen: Umgang mit anderen/Nächstenliebe, Diakonie, Respekt, Toleranz, christliche Ethik

Textgattung: Evangelium

Inhalt/Hintergrund: Anschließend an die Bergpredigt formuliert Jesus die Goldene Regel. Auch wenn sie eine zentrale Botschaft enthält und von wichtiger Bedeutung ist, wird sie im Evangelium in nur einem Satz beschrieben, danach kommt Jesus schon auf das nächste Thema zu sprechen.

Bedeutung: Die Goldene Regel fasst das wichtigste Anliegen von Jesus für ein gelingendes Zusammenleben und Miteinander der Menschen zusammen. Sie bildet den Kern der christlichen Ethik, wobei sie auch in den heiligen Schriften der anderen Weltreligionen zu finden ist.

Querbezug zur Lebenswelt der Schüler: Den Jugendlichen ist die Goldene Regel vermutlich eher als folgendes Sprichwort bekannt: „Was du nicht willst, dass man dir tu, das füg auch keinem andern zu." In dieser Form wird die Regel im Volksmund auch heute noch häufig benutzt, was zeigt, dass sie über die Jahrtausende hinweg kein Stück an Aktualität und Gültigkeit verloren hat. Die Goldene Regel ist nach wie vor eine wichtige Grundlage des Zusammenlebens in allen Lebensbereichen – wenn ich z. B. einem Mitschüler, der den Unterrichtsstoff nicht ganz verstanden hat und mich bittet, es ihm zu erklären, meine Hilfe verwehre, wird dieser umgekehrt vermutlich auch nicht bereit sein, mir Nachhilfe zu geben, wenn ich vor der nächsten Klassenarbeit verzweifelt bin und ihn etwas frage. Die Auseinandersetzung mit dieser Bibelstelle verdeutlicht den Schülern noch einmal, dass die Achtung der Goldenen Regel die Voraussetzung für ein friedliches und faires Miteinander ist.

Unterrichtsideen

Ideen zum Einstieg

- Die Schüler machen in *Partnerarbeit* ein **„Regel-Brainstorming"** zu der Frage: Welche Regeln sind notwendig, damit unser Zusammenleben gelingt? Anschließend erstellen sie aus ihren Ideen eine priorisierte Liste (die wichtigste Regel zuoberst). Jedes Paar macht sich dann auf die Suche nach anderen Paaren, die dieselbe Regel zuoberst aufgelistet haben. Paare mit den gleichen Resultaten stellen sich nebeneinander auf. Im *Plenum* werden dann die wichtigsten Regeln vorgelesen und von den Schülern, die sie zuoberst stehen haben, begründet: Warum sind diese Regeln so wichtig für das Zusammenleben?

- Welche Regeln würden die Jugendlichen einführen, wenn sie eine Regel in der Schule, im Verein o. Ä. erfinden dürften? Jeder Schüler notiert in *Einzelarbeit* seine **„Lieblingsregel"** auf einem Zettel. Die Zettel werden für die Besprechung im *Plenum* an die Tafel gehängt. Bitten Sie zwei Schüler, die Regeln zu clustern: Welche Regeln sind ähnlich? Welche gehören zusammen? Alle Schüler nehmen Stellung zu den Regeln: Was fällt ihnen an den Regeln auf? Was überrascht sie? Welche Regeln sind realistisch und sinnvoll?

- Konfrontieren Sie die Schüler mit einer **Jury-Szene aus einer Casting-Show** (zu finden auf YouTube® oder in den Mediatheken der jeweiligen Fernsehsender). Die Schüler äußern im *Plenum* ihre Eindrücke: Was habe ich gesehen? Wie sind die Menschen miteinander umgegangen? Legen Sie anschließend einige zusammengefaltete Zettel in die Mitte, auf die Sie zuvor folgende und ähnliche Fragen geschrieben haben:
  - ↪ Wie begegnen die Juroren den Casting-Teilnehmern?
  - ↪ Sind die Juroren fair?
  - ↪ Sind die Juroren ein Vorbild?

  Bitten Sie einen Schüler, einen Zettel zu öffnen und die Frage vorzulesen. Zuerst gibt dieser Schüler selbst eine Antwort, dann ergänzen die anderen, bevor mit dem nächsten Zettel genauso verfahren wird.

  Sie können am Ende der Stunde erneut die Jury-Szene vorspielen und den Schülern die Frage stellen: Wie würde sich die Jury verhalten, wenn sie konsequent die Goldene Regel anwenden würde?

Ideen zur Besinnung/Meditation

Auf dem Boden liegt ein großes Plakat, beschriftet mit der Frage: **Wie wäre die Welt, wenn sich alle an die Goldene Regel halten würden?** Die Schüler notieren kreuz und quer ihre Ideen – als ganze Sätze oder in einzelnen Wörtern/Adjektiven – rund um die Frage. Anschließend erhalten alle Schüler zwei bis drei grüne Klebpunkte. Sie lesen die Kommentare ihrer Mitschüler und kleben ihre Punkte neben die Sätze/Wörter, um die sie Gott besonders bitten. Alle betrachten das Ergebnis. Nun werden diese Bitten in einem „Klangteppich" geäußert: Dazu lesen alle gemeinsam die Beispiele, die sie ausgewählt haben, 2- bis 3-mal laut vor. Es entsteht ein Stimmengewirr. Formulieren Sie danach evtl. ein zusammenfassendes Gebet („Guter Gott, du hast unsere Bitten gehört, lass sie in Erfüllung gehen und zeig uns, wie wir dich dabei unterstützen können.")

Ideen zur Erarbeitung

- In *Gruppenarbeit* bereiten die Schüler eine Station bzw. ein „Trainingsgerät" für das **„Goldene-Regel-Trainingscenter"** vor. Die Schüler überlegen sich eine ganz konkrete Szene aus ihrem Alltag, in der Menschen miteinander zu tun haben (z. B. der Fußballverein trainiert für das nächste Spiel o. Ä.), und beschreiben diese so konkret wie möglich auf einer Stationskarte. Dann beginnt das Training: Jede Gruppe geht von Station zu Station, liest den ausliegenden Text und überlegt sich, wie die Goldene Regel bei diesem Alltagsbeispiel angewendet werden kann. Sie inszenieren das Beispiel als Rollenspiel. An der letzten Station spielt jede Gruppe ihr Rollenspiel der ganzen Klasse im *Plenum* vor, bevor ein kurzer Austausch erfolgt: Was haben die Schüler durch dieses „Stationstraining" gelernt? Was haben sie „trainiert"?
- Die Schüler finden sich zu zweit zusammen: Einer ist für die Goldene Regel, der andere ist gegen sie. Dafür sammelt zunächst jeder in *Einzelarbeit* mögliche Pro- bzw. Kontra-Argumente (in leistungsschwächeren Klassen können die Argumente gemeinsam an der Tafel gesammelt werden). Dann wird in *Partnerarbeit* ein **Streitgespräch** durchgeführt und jeder versucht, den anderen von seiner Meinung zu überzeugen.
- Die Schüler denken in *Einzelarbeit* darüber nach, warum die Goldene Regel in der Bibel so kurz und knapp formuliert ist. Anschließend verfasst jeder eine längere Version, indem er die **Bedeutung der Goldenen Regel in**

Form einer Geschichte (in der z. B. Jesus oder die Jünger vorkommen) erklärt. Anschließend werden die Texte im *Plenum* als Lesung präsentiert: Die Schüler kommen der Reihe nach nach vorn, setzen sich an einen Tisch und lesen ihre Geschichte vor. Die Mitschüler geben Feedback: Welche Geschichte wirkt überzeugend „biblisch"?

- Jeder Schüler wählt einen Beruf (z. B. Lehrer, Anwalt, Friseur, McDonalds-Mitarbeiter usw.) oder bekommt ihn per Los zugeteilt. Dann versetzen sich die Jugendlichen in den Berufsalltag der gewählten Person. Wie würde diese beim Abendessen zu Hause rückblickend einen Tag beschreiben, an dem sich alle an der Goldenen Regel orientiert haben? Dazu formuliert jeder in *Einzelarbeit* einen **Bericht aus der Ich-Perspektive**. Anschließend finden sich die Schüler zu viert oder fünft in einem **„Feierabend-Stammtisch"** zusammen und lesen sich ihre Berichte gegenseitig vor. Dann wird in *Gruppenarbeit* diskutiert:
  - ↪ Worauf machen uns diese erfundenen, positiven Tagesrückblicke aufmerksam? Wie gehen die Menschen in diesen Berufen vermutlich normalerweise miteinander um?
  - ↪ Was können wir davon für unser zukünftiges Berufsleben lernen?

Ideen zur Sicherung/zum Abschluss

- Am Boden liegen sechs DIN-A4-Blätter, auf jedem Blatt steht eine Kategorie:

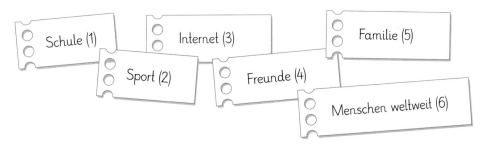

Die Schüler **würfeln** reihum und nennen für die gewürfelte Zahl bzw. Kategorie ein **Beispiel für die Umsetzung der Goldenen Regel** in diesem Bereich (z. B. 1 → anderen bei den Hausaufgaben helfen). Wer ein Beispiel nennt, das schon angeführt wurde, muss nochmals würfeln.
- Legen Sie einen **Spiegel** in die Mitte. Die Schüler überlegen in *Partnerarbeit* auf Grundlage dessen, was in der Stunde erarbeitet wurde: Ist der Spiegel ein **passendes Symbol für die Goldene Regel**? Warum (nicht)?

Möglichkeiten der Weiterführung

Biblisch: *Die Speisung der 5000* (Markus 6,30–44), *„Vergesst die Gastfreundschaft nicht"* (Hebräer 13,2)

Thematisch: die Goldene Regel in anderen Religionen, Nächstenliebe, Diakonie, Diskriminierung, Umgang mit Flüchtlingen und anderen hilfsbedürftigen Menschen, Generationendialog

Ideen für besondere Projekte

Die Schüler entwickeln in sechs Gruppen Plakate zu sechs verschiedenen **Alltagsbereichen** (siehe Kategorien in der ersten Idee zur Sicherung auf S. 115) mit **konkreten Verhaltensregeln**, die sich an der Goldenen Regel orientieren. Diese Plakate können dann in der Schule ausgehängt werden.

Vom Licht unter dem Scheffel

(Matthäus 5,14–16)

Worum geht's?

Themen: Selbstfindung – Wer bin ich?, Talente/Fähigkeiten, Selbstvertrauen, Faulheit überwinden, (Verantwortung für die) Gemeinschaft, Licht vs. Dunkelheit

Textgattung: Evangelium, Gleichnis

Inhalt/Hintergrund: Bei dieser Bibelstelle handelt es sich um ein Zitat aus der Bergpredigt. Mit einem eindrucksvollen Bild will Jesus den Menschen einschärfen, dass jeder von ihnen das „Licht der Welt" ist und dass sie alle den Auftrag haben, dieses Licht in die Welt zu bringen.

Bedeutung: „Sein Licht nicht unter den Scheffel stellen" ist bis heute eine geläufige Redewendung – wobei die wenigsten wissen, dass diese auf die Bibel zurückgeht. „Scheffel" heißt in diesem Kontext „Korb" oder „Gefäß". Mit diesem Satz wollte Jesus den Menschen Mut machen und sie dazu auffordern, sich der eigenen Fähigkeiten und Talente bewusst zu werden, und gleichzeitig an ihre individuelle Verantwortung appellieren (Wie kann, wie muss ich meine Fähigkeiten für meine Mitmenschen einbringen?). Es ist also auch eine Aufforderung, die eigene Bequemlichkeit zu überwinden. Jesus wählt hier zur Verdeutlichung eine Metapher – jede Fähigkeit ist ein Licht, das die Dunkelheit erhellen kann.

Querbezug zur Lebenswelt der Schüler: Gerade Jugendliche treibt häufig die Frage um: „Wer bin ich eigentlich? Was kann ich und was will ich?", denn in ihrem Alter steht man besonders vor der Herausforderung, seinen Platz im Leben zu finden. Zum einen sollten sie dabei unterstützt werden, ihre Fähigkeiten zu entdecken, und ihre Talente müssen gefördert werden. Zum anderen sollten sie ermutigt werden, diese Talente wirklich aktiv einzusetzen (selbst wenn es am Anfang Überwindung kostet), und zwar auch, um damit einen positiven Beitrag zur Gemeinschaft (z. B. in der Familie, in der Schule, im Verein etc.) zu leisten.

Unterrichtsideen

Ideen zum Einstieg

- Die Schüler erhalten die **Checkliste „Was kann ich gut?"** (siehe KV auf S. 122 und im Download) und füllen sie in *Einzelarbeit* aus, bevor Sie sie mit der Bibelstelle konfrontieren. In der Erarbeitungsphase können die Schüler dann den Zusammenhang zwischen Checkliste und Text erarbeiten.
- Starten Sie mit einem **Bildimpuls:** Legen Sie dazu eine Folie auf, auf der ein Foto von einer brennenden Kerze oder eine Lampe zu sehen ist. Nach ca. 5 Sekunden legen Sie eine zweite Folie über die Kerze bzw. die Lampe. Auf dieser ist ein schwarzes Gefäß zu sehen, sodass das Licht darunter verdeckt wird. Die Schüler schildern im *Plenum* ihre Eindrücke und Gedanken (z. B. „mulmiges Gefühl, wenn das warme Licht der Kerze plötzlich

weg ist", „Das ist Verschwendung, dann muss man die Lampe gar nicht erst anzünden" usw.).
→ siehe hierzu Folienvorlage „Licht unter Scheffel" im ⬇ Download
- Sie können **die beiden ersten Einstiegsideen** auch **miteinander verbinden**: Die Jugendlichen füllen die Checkliste aus. Anschließend lassen Sie sie einige der selbst ergänzten Talente vorlesen. Diese notieren Sie in der Mitte einer leeren Folie auf dem OHP. Danach legen Sie die Folie mit dem schwarzen Gefäß darüber, sodass die Talente der Schüler verdeckt sind. Bitten Sie die Schüler nun, in *Partnerarbeit* zu überlegen, was dies demonstrieren soll. Sammeln Sie danach die Antworten im *Plenum*.

Ideen zur Besinnung/Meditation

- Alle setzen sich in den Stuhlkreis. Beginnen Sie die Meditation mit folgendem Text: *Guter Gott, wir danken dir für die vielen Talente, die jeder von uns hat. Niemand kann alles, aber jeder kann etwas. Heute machen wir uns unsere vielen Fähigkeiten neu bewusst.*
  Die Schüler besinnen sich eine Minute lang und nennen dann nacheinander **eine Fähigkeit, die sie an sich mögen**. Schließen Sie die Meditation dann mit den Worten: *Wenn jeder auch andere von dem, was er kann, profitieren lässt, dann leistet jeder ein Beitrag für die Gemeinschaft. Hilf uns, zu erkennen, wann unser Engagement gefragt ist. Amen.*
- Reichen Sie einen Korb herum, in dem für jeden Schüler ein Zettel zu finden ist. Auf jedem Zettel steht ein anderes **Talent** (z.B. singen, rennen, kochen, zuhören, lachen, träumen usw.). Die Jugendlichen ziehen der Reihe nach einen Zettel, lesen das Talent vor und **formulieren ein kurzes Gebet dazu** – z.B. für „singen": *Gib allen, die eine schöne Stimme haben, Mut, andere Menschen damit zu begeistern.* Die Zettel werden in die Mitte gelegt. Alternativ können die Zettel auch von Anfang an offen in der Mitte liegen, sodass jeder Schüler auswählen kann, zu welchem Talent er ein Gebet formulieren möchte. In beiden Fällen gilt: Je größer die Auswahl an Talenten, desto besser!

Ideen zur Erarbeitung

- Die Schüler suchen in *Partnerarbeit* andere Formulierungen für die Redewendung „sein Licht nicht unter den Scheffel stellen" bzw. **übersetzen** sie besser verständlich **in moderne Sprache** (z. B. „nicht zu bescheiden sein", „seine Kenntnisse nicht verschweigen") und notieren diese auf einem Zettel. Anschließend finden sich je zwei Paare zusammen und tauschen sich in *Gruppenarbeit* über ihre Ergebnisse aus.
- Führen Sie im *Plenum* ein gemeinsames **Brainstorming** an der Tafel durch: Was sind die Ursachen dafür, dass viele Menschen ihre Talente nicht nutzen oder sie sogar verheimlichen?
- Legen Sie in der Mitte eines Stuhlkreises verschiedene Karteikarten aus. Auf jeder Karte steht ein Talent: singen, zuhören, aufheitern, rennen, überzeugend reden, Rechengenie, backen, kreativ, geduldig usw. Die Schüler bilden Paare und bekommen je zu zweit eine Karte. Nun überlegen sie sich in *Partnerarbeit*, wie man diese **Fähigkeit unterschiedlich nutzen** kann, und zwar a) für sich selbst und b) für andere. Die Paare nennen der Reihe nach ihre Ideen. Diskutieren Sie anschließend im *Plenum* die Frage: Warum kann es eine Verschwendung sein, eine Fähigkeit nicht zu nutzen?
- Geben Sie den Schülern mündlich oder via OHP/Whiteboard drei **Alltagsbeispiele** vor:
  - Beispiel 1: An einer Schule herrscht ein schlechtes Klima: Alle sind aggressiv und missgünstig und setzen sich gegenseitig unter Druck.
  - Beispiel 2: Adrian hat das Tanzen im Blut. Er tanzt leidenschaftlich gern. Schon als Kind hat er mit Ballett begonnen. Seine Tanzlehrerin ermutigt ihn, eine Karriere als Balletttänzer anzustreben. Doch er sträubt sich. Was werden seine Mitschüler von ihm denken?
  - Beispiel 3: In Deutschland gibt es immer mehr Alleinerziehende. Viele von ihnen sind im Stress. Viele der Kinder mit nur einem Elternteil sind oft allein zu Hause, weil ihre Mütter und Väter arbeiten müssen.

Die Schüler erarbeiten in *Gruppenarbeit* anhand eines der Beispiele die **Aussage des Bibelzitats** in zwei Schritten:
a) Was ist in der gegebenen Situation das Problem?
b) Welche Talente/Fähigkeiten sind gefragt? Wer könnte wie helfen?

Die Ergebnisse werden auf einem „selbstsprechenden Plakat" notiert, d. h., alles, was auf dem Plakat steht, muss sich dem Betrachter von selbst erschließen, ohne dass man etwas mündlich erklären muss. Sobald die Plakate fertig sind, werden sie den anderen Gruppen in einer „Vernissage" präsentiert.

- Jeder Schüler erhält eine Karte mit dem Namen einer **prominenten Person, die ihre Talente für andere einsetzt** oder eingesetzt hat (z. B. Mutter Teresa, Erin Gruwell, BandAid, Sophie Scholl, Conchita Wurst, Felix Finkbeiner, Dietrich Bonhoeffer etc.). Die Jugendlichen suchen in *Einzelarbeit* im Internet Informationen zu dieser Person und bereiten ein **Kurzreferat** vor. Der Schwerpunkt sollte dabei darauf liegen, herauszuarbeiten, inwieweit die Person „ihr Licht genutzt" hat bzw. noch immer nutzt.
- Spielen Sie den Schülern das **Lied „Keiner mehr wach"** von Ewig vor (z. B. auf YouTube®). Damit die Jugendlichen den ganzen Text verstehen, empfiehlt es sich, den Songtext (den Sie leicht im Internet finden) zu verteilen oder an die Wand zu projizieren. Anschließend diskutieren die Schüler zuerst in *Partnerarbeit* und dann im *Plenum*, was die Gemeinsamkeiten zu „sein Licht nicht unter den Scheffel stellen" sind (z. B.: viele Talente „schlafen", es würde auch bei uns so viele „gute Geister" geben, die so viel bewegen und helfen könnten, usw.).

Ideen zur Sicherung/zum Abschluss

- Die Schüler schreiben in *Einzelarbeit* einen **„Brief an alle"**. Darin ermutigen sie alle Menschen an ihrer Schule, mehr zu ihren Fähigkeiten zu stehen und diese einzusetzen. Überlegen Sie dafür zuerst mit den Schülern, worauf es bei einem solchen Brief ankommt (z. B. Mut machen, positive Beispiele erwähnen, konkrete Handlungsschritte aufzeigen, Zweifel ausräumen usw.).
- Jeder Schüler schreibt auf ein leeres Blatt oben seinem Namen und lässt es auf seinem Tisch liegen. Die Jugendlichen wandern nun von Blatt zu Blatt und notieren (positive!) Fähigkeiten, die dieser Mitschüler ihrer Meinung nach hat. Die **Fähigkeitensammlungen** werden im Klassenzimmer aufgehängt. Es empfiehlt sich, diese Übung nur in Gruppen durchzuführen, die einen guten Zusammenhalt haben bzw. in denen sich alle mit Respekt begegnen.
- Falls Sie zu Beginn mit dem Bildimpuls gestartet sind: Zeigen Sie nochmals die beiden Folien mit der Kerze und dem schwarzen Gefäß vom Einstieg. In einer **Blitzlichtrunde** im *Plenum* liefern alle Argumente, warum es wichtig ist, seine Talente zum Einsatz zu bringen.
- Die Schüler entwickeln im *Plenum* eine **Vision: „Wie wäre es, wenn niemand mehr sein Licht unter den Scheffel stellen würde?"** Alle nennen wild durcheinander konkrete Beispiele – z. B.: Niemand würde mehr sein Talent vergeuden, wir würden Lösungen für Probleme, wie Umweltverschmutzung etc., finden und der Natur würde es besser gehen usw.

(Bei leistungsschwachen Klassen sollten hier im Vorfeld „negative" Beispiele gesammelt werden [für die Vision, in der alle ihr Licht unter den Scheffel stellen], sodass die Schüler einfach nur diese negativen Beispiele in positive umwandeln müssen).

Möglichkeiten der Weiterführung

Biblisch: *Ein Leib, viele Glieder* (1. Korinther, 12,12–31a)

Thematisch: Vertiefung zum Thema „Ehrenamt" (z. B. mit Beispielen von Jugendlichen, die sich ehrenamtlich engagieren), Vereine

Ideen für besondere Projekte

Lassen Sie die Schüler an der Pinnwand in der Klasse eine **„Talente-Börse"** gestalten: Auf einem großen Plakat wird festgehalten, wer was gut kann/wen man bei welchen Fragen/Problemen gut um Hilfe bitten kann (z. B. kann Aisha besonders gut Mathe erklären; Tom hingegen kann gut zeichnen und Mareike kann gut mit Lehrern reden und bei Schwierigkeiten vermitteln etc.). Wann immer jemand Hilfe benötigt, kann er sich auf dem Plakat informieren, an wen er sich wenden kann.
Ebenso können dort auch Gesuche festgehalten werden: Wenn jemand Nachhilfe in Sachen Grammatik braucht oder jemanden sucht, der ihm hilft, ein Missverständnis mit einem Freund aus dem Weg zu räumen, schreibt er dies zusammen mit seinem Namen auf einen Zettel, den er auf das Plakat pinnt. Wenn dann jemand anderes meint, er sei genau der Richtige, um zu helfen, nimmt er den Zettel wieder ab und geht zu dem Hilfesuchenden.

KV: Was kann ich gut?

Checkliste: Was kann ich gut?

Kreuze an, was auf dich zutrifft! Trage in den letzten Zeilen noch weitere Fähigkeiten ein, die du hast.

Ich kann …	gar nicht	ein bisschen	ziemlich gut	sehr gut
zuhören				
sprechen				
motivieren				
aufmuntern				
rennen				
geduldig sein				
Ideen finden				
Verantwortung übernehmen				
überzeugen				
anfeuern				
Streit schlichten				
ernst sein				
Geheimnisse bewahren				
mit Tieren umgehen				
				X
				X
				X
				X

© Verlag an der Ruhr | Autor: Stephan Sigg | ISBN 978-3-8346-3055-1 | www.verlagruhr.de

Die Bibel für Schüler lebendig machen

Wo zwei oder drei unter meinem Namen …

(Matthäus 18,20)

Worum geht's?

Themen: Leben in Gemeinschaft, Kirche als Ort des Volkes Gottes (Warum gibt es die Kirche?)

Textgattung: Evangelium

Inhalt/Hintergrund: Jesus vermittelt seinen Jüngern seine Lehre. Daraus entwickelt sich ein Gespräch, in dem die Jünger Jesus um Präzisierungen bitten. In seiner Rede über das Leben in der Gemeinde münden seine Ausführungen schließlich in der Aussage, er sei überall dort anwesend, wo zwei oder drei sich in seinem Namen versammeln, sodass ihre Bitten von Gott erhört würden.

Bedeutung: Mit diesem Vers wird die Bedeutung des Gottesdienstes begründet. Christen, die miteinander Gottesdienst feiern, dürfen darauf vertrauen, dass Jesus bei dieser Feier gegenwärtig ist. Das gilt jedoch nicht nur für die Kirche – die Bibelstelle verdeutlicht, dass Jesus auch bei anderen Gelegenheiten erfahrbar ist: Überall, wo Menschen im Geiste Jesu zusammen sind und miteinander etwas unternehmen, ist Jesus gegenwärtig. Darüber hinaus weist Jesus mit seinen Worten auf eine Besonderheit des christlichen Glaubens hin: Es ist ein Glaube, der in Gemeinschaft gelebt werden soll. Ohne die Gemeinschaft wäre der christliche Glaube gar nicht möglich.

Querbezug zur Lebenswelt der Schüler: Kaum ein Schüler besucht regelmäßig den Gottesdienst. Für viele Jugendliche ist die Bedeutung dessen, was dort geschieht, nicht klar. Diese Unsicherheit kann durch eine Auseinandersetzung mit diesem Bibelvers ausgeräumt werden. Gleichzeitig haben viele ein falsches Bild im Hinblick auf die Nähe zu Jesus: Begegnungen mit Jesus und damit auch mit Gott sind keineswegs nur im Gotteshaus möglich.
Wie wichtig und wertvoll das Leben in der Gemeinschaft ist, haben die meisten Jugendlichen hingegen schon häufig erlebt. So würde wohl kaum einer auf seine Familie verzichten wollen, die Schüler identifizieren sich mit ihrer Mannschaft im Sportverein oder fühlen sich innerhalb der Klassengemeinschaft

oder im Schulchor gut aufgehoben – hier gibt es zahlreiche Anknüpfungspunkte, den Jugendlichen die Bedeutung des Lebens in (christlicher) Gemeinschaft deutlich zu machen.

Unterrichtsideen

Ideen zum Einstieg

- Jeder Schüler erhält ein DIN-A4-Blatt, in dessen Mitte das Wort „Kirche" steht. Dazu erstellen nun alle in *Einzelarbeit* ihre persönliche **Mindmap** (je nach Vorwissen der Schüler sollten Sie die Technik zuvor erklären oder zusammen mit den Schülern in Erinnerung rufen). Anschließend stellen zwei bis drei Schüler ihre Mindmaps im *Plenum* vor. Die anderen hören aufmerksam zu. Dann folgt eine Auswertung: Welche Gemeinsamkeiten und welche Unterschiede gab es zwischen den vorgestellten Mindmaps?
- Notieren Sie an der Tafel verschiedene **Beispiele aus dem Alltag**, z. B.:
  - Eine Gruppe von Christen feiert miteinander eine Geburtstagsparty.
  - 20 Christen feiern miteinander Gottesdienst und richten ein Dankgebet an Jesus.
  - Die Familie lässt am Sonntag in der Kirche ihr Baby taufen.

  Die Schüler äußern im *Plenum* ihre Vermutungen darüber, was die Gemeinsamkeit bei diesen Beispielen ist. Leiten Sie dann zu der Frage über: Was sagt das über den christlichen Glauben aus?
- Zeigen Sie der Klasse einen **Ausschnitt aus einem TV-Gottesdienst** (zu finden z. B. auf www.zdf.fernsehgottesdienst.de). Die Schüler tauschen sich danach im *Plenum* über die beiden folgenden Fragen aus:
  - Warum gehen Menschen in einen Gottesdienst?
  - Warum werden die Gottesdienste im Fernsehen gezeigt?
- Jeder Schüler erhält eine grüne und eine rote Karteikarte. Darauf wird in *Einzelarbeit* je ein **Statement** notiert – grün: „**Mir gefällt an der Kirche, dass ...**" und rot: „**Mir gefällt nicht an der Kirche, dass ...**" (Alternativ können Sie statt solcher persönlichen Statements auch allgemeine Aussagen – „Das wird an der Kirche gelobt"/„Das wird an der Kirche kritisiert" – notieren lassen.) Anschließend liest im *Plenum* jeder seine Statements vor und hängt die Karten an die Tafel: alle grünen Karten auf eine Hälfte,

alle roten Karten auf die andere Hälfte. Leiten Sie nun zu einem Klassengespräch über: Wie sind diese positiven und negativen Beispiele entstanden bzw. wodurch sind sie geprägt? Was müsste geschehen, dass sich die negativen Beispiele zu positiven verändern?

- Bereiten Sie einzelne DIN-A3-Blätter vor, auf die sie je eine **Lebensstation** schreiben, z. B. Geburt, Kindheit, Jugend, Erwachsenenalter, Sterben/Tod. Legen Sie die Blätter auf dem Boden aus oder heften Sie sie an die Tafel bzw. Pinnwand. Es sollte in jedem Fall ausreichend Abstand (mind. 50 cm) zwischen den Stationen sein. Nun gehen alle Schüler mit einem Stift in der Hand umher und schreiben in *Einzelarbeit* möglichst viele Beispiele auf die Blätter, inwiefern sie in dieser Phase in ihrem Leben schon **mit der Kirche** zu tun gehabt haben (dafür dürfen sie auch in die Zukunft blicken oder Beispiele von Verwandten – z. B. die Beerdigung des Großvaters o. Ä. – mit einbeziehen!). Fordern Sie die Jugendlichen auf, nicht nur den Anlass, sondern auch ihre Gefühle dabei zu notieren. Anschließend begeben sich alle auf einen gemeinsamen „Rundgang" von Station zu Station. Jede Station wird im *Plenum* von einem Schüler mündlich vorgestellt bzw. zusammengefasst. Konfrontieren Sie die Schüler jeweils mit der Frage: Wie hilft Kirche hier? Was macht sie konkret? Welche biblischen Aufträge werden hier umgesetzt?

Ideen zur Besinnung/Meditation

Die Jugendlichen bereiten gemeinsam einen Wortgottesdienst vor und feiern ihn anschließend miteinander. Jeder übernimmt ein anderes Element. Zur Wahl stehen:
- Einstieg
- 2–3 Lieder (diese können die Schüler z. B. aus einem Gesangbuch oder auf YouTube® suchen)
- die biblische Geschichte
- Interpretation der Geschichte bzw. eine kleine Predigt
- Fürbitten
- Segensgebet

Anschließend schildern die Jugendlichen ihre Eindrücke, wie sie diesen **gemeinschaftlich vorbereiteten und gefeierten** Gottesdienst empfunden haben.

Ideen zur Erarbeitung

- Bereiten Sie in halber Klassenstärke Lose vor: Auf jedem der Zettel steht ein **Kirchenfest**. Je zwei Schüler tun sich zusammen und ziehen ein Los. In *Partnerarbeit* recherchieren sie zu dem Fest und erstellen einen **Steckbrief**:
  a) Wann findet dieses Fest statt?
  b) Woran erinnert dieses Fest? Welchen biblischen Bezug hat es?
  c) Wie bzw. mit welchen Bräuchen wird es gefeiert?
  Anschließend stellen die Paare ihr Fest im *Plenum* vor. Die Reihenfolge orientiert sich am Kirchenjahr, es beginnt also mit dem Advent. Stellen Sie abschließend die Frage: Was sind die Gemeinsamkeiten von all diesen Festen?
- Die Schüler schreiben in *Einzelarbeit* einen Text zum Thema: **Meine persönliche Vision – von welcher Kirche träume ich?** Wie müsste Kirche sein, damit ich gern dorthin gehe? Dann werden die Texte im *Plenum* vorgelesen. Abschließend nennt jeder einen „Favoriten" und begründet seine Wahl.

Ideen zur Sicherung/zum Abschluss

- Die Schüler sammeln in *Gruppenarbeit* **Argumente, warum Christsein ohne Bezug zur Kirche nicht möglich ist,** und notieren diese. Anschließend werden die Ergebnisse im *Plenum* verglichen.
- Markieren Sie mit Kreppband eine Linie auf dem Boden und führen Sie ein **Line Up** durch zu der Frage: **Ist die Kirche eine Erfindung von Jesus?** Dazu positioniert sich jeder Schüler auf der Linie: Das eine Ende steht für die Überzeugung „Ja, Jesus hat die Kirche genau so, wie wir sie heute kennen, erfunden!", das andere Ende steht für „Nein, er hat die Kirche überhaupt nicht erfunden!". Sobald alle ihre Position eingenommen haben, begründet jeder mündlich, warum er genau diese Position gewählt hat. Nehmen Sie sich Zeit für die Diskussion im *Plenum*, denn für die Frage gibt es eigentlich mehrere Antworten!

Möglichkeiten der Weiterführung

Biblisch: *Das Abschiedsmahl* (Johannes 13–14)

Thematisch: Gemeinschaft, Kirchenjahr, Konfessionen, Ökumene, Beten

Ideen für besondere Projekte

Machen Sie mit den Schülern einen **Ausflug in eine Kirche** und lassen Sie sie den Raum erkunden:
- Was fällt ihnen auf?
- Was gefällt ihnen? Warum?
- Wie wirkt der Raum auf sie?
- An welchem Platz fühlen sie sich (nicht) wohl? Warum?

Die Schüler können auch ein **Interview** vorbereiten, indem sie vorab Fragen sammeln, die sie vor Ort einem **Mitarbeiter der Kirche** (oder auch einer anderen kirchlichen Einrichtung) stellen (z. B.: Warum arbeiten Sie bei der Kirche? Was genau machen Sie bei der Kirche? Was bedeutet die Kirche für Sie? usw.). Außerdem könne Sie die Schüler auffordern, mit ihrem Smartphone fünf „Highlights" zu fotografieren, die sie anschließend präsentieren und dabei ihre Wahl begründen.

Von den Arbeitern im Weinberg

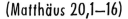

(Matthäus 20,1–16)

Worum geht's?

Themen: Was ist Gerechtigkeit? Gottes Gerechtigkeit, Umgang mit Ungerechtigkeit

Textgattung: Evangelium, Gleichnis

Inhalt/Hintergrund: Mit der Geschichte von den Arbeitern im Weinberg erklärt Jesus seinen Jüngern anhand eines Gleichnisses die Besonderheiten von Gottes Gerechtigkeit.

Bedeutung: Das Gleichnis macht deutlich, dass Gottes Gerechtigkeit viel weiter geht als das menschliche Gerechtigkeitsdenken. Klassischerweise wird die Geschichte so interpretiert, dass es sich bei den Arbeitern um die Menschen handelt, die zu Jesus bzw. zum christlichen Glauben finden. Allen wird Gottes Liebe zuteil, Gott führt dabei keine „Rangliste", wer zuerst den christlichen Glauben annahm und wer erst später zu ihm kam. So hält uns das Gleichnis den Spiegel vor und ermahnt uns dazu, uns nicht ständig mit anderen zu vergleichen bzw. uns in Sachen Gerechtigkeit nicht zu „berechnend" zu verhalten.

Querbezug zur Lebenswelt der Schüler: Gerade Jugendliche berufen sich gern auf die Gerechtigkeit, wenn sie etwas für sich „herausschlagen" möchten, z. B. wenn sie betonen, dass der Bruder neulich auch allein mit Freunden ins Kino und hinterher noch bis Mitternacht wegbleiben durfte, o. Ä. Ebenso sehen und erleben sie um sich herum immer wieder Situationen, in denen es manchmal nicht so gerecht zugeht, wie es auf den ersten Blick erscheint. Wenn z. B. ein Sänger durch eine Casting Show über Nacht zum Star wird, während sich andere jahrelang durch harte Arbeit vergeblich abrackern, ist das dann gerecht? Hier gibt es zahlreiche spannende Anknüpfungspunkte, die Schüler zum Nachdenken über Gerechtigkeit anzuregen.

Unterrichtsideen

Ideen zum Einstieg

- Projizieren Sie die Folienvorlage **„Zitate aus einem (un-)gerechten Leben"** (siehe KV auf S. 131 und im ⬇ Download) an die Wand und decken Sie die Überschrift zunächst ab. Lassen Sie einzelne Schüler die Sprechblasen im *Plenum* vorlesen und fordern Sie die Klasse auf, zu überlegen, in welchem Kontext die jeweilige Aussage womöglich gemacht wurde. Anschließend werden die Jugendlichen mit dem Bibeltext konfrontiert. Fordern Sie sie danach auf, einen Zusammenhang zwischen dem Text und den Aussagen in den weiterhin sichtbaren Sprechblasen herzustellen (falls nötig, können Sie als Impuls die Überschrift aufdecken).
- Bitten Sie drei Schüler nach vorn und erklären Sie, dass Sie ihnen einen kleinen **Aushilfsjob anbieten** möchten. Dann geben Sie jedem von ihnen einen Zettel (den die anderen beiden jeweils nicht sehen dürfen), auf dem eine Zeitangabe und das dafür angebotene Gehalt steht:
  1 h Arbeit → 24,- €; 3 h Arbeit → 24,- €; 8 h Arbeit → 24,- €

Die Schüler sagen laut, ob sie mit dem Angebot einverstanden sind. Danach dürfen sie sich gegenseitig ihre Zettel zeigen – nun können sie erneut ihre Meinung zu dem Jobangebot äußern. Holen Sie an dieser Stelle die restliche Klasse mit ins Boot: Wie würden sie ihre Angebote beurteilen?
- Zeigen Sie den **Videobeitrag „Was ist eigentlich gerecht?"** von Schekker, dem Jugendmagazin der Bundesregierung (2:17 Minuten, zu finden z. B. auf YouTube®). Lassen Sie die Schüler anschließend im *Plenum* diskutieren: Erscheint ihnen diese Definition ausreichend? Welche Schwierigkeiten könnten sich ergeben? Wie würden sie Gerechtigkeit definieren?

Ideen zur Besinnung/Meditation

In der Mitte auf dem Boden liegen Zettel mit verschiedenen **Aussagen über vermeintliche Ungerechtigkeiten**, z.B.:
- „So eine Frechheit, er bekommt doppelt so viel Taschengeld wie ich!"
- „Sie ist nie zur Probe gekommen und bekommt trotzdem die Hauptrolle!"
- „Ich habe einen Strafzettel bekommen, dabei war es das einzige Mal, dass ich etwas zu schnell gefahren bin."

Geben Sie den Schülern Zeit, die Aussagen zu betrachten. Dann erhält jeder einen leeren Zettel und notiert darauf ein **eigenes Beispiel aus seinem Leben**. Die Zettel werden kommentarlos neben die anderen Aussagen auf den Boden gelegt. Lesen Sie dann folgendes Gebet vor: *Gott, manchmal ist das wirklich nicht einfach, solche Ungerechtigkeit zu ertragen. Ich könnte ausrasten, richtig sauer werden. – Doch wenn ich genau darüber nachdenke: Manchmal liegt es nur daran, dass ich mich mit anderen vergleiche. Gib mir die Kraft, das zu ändern, damit ich nicht mehr nur auf die anderen achte.*

Ideen zur Erarbeitung

- Die Schüler machen sich in *Partnerarbeit* Gedanken über die Frage: **Was ist dem Weinbergbesitzer wohl vor seiner Entscheidung durch den Kopf gegangen?** Die Ideen werden auf Karteikarten notiert und anschließend im *Plenum* verglichen und an der Tafel gesammelt.
- Bereiten Sie Zettel in halber Klassenstärke vor, auf denen jeweils einer der folgenden **Alltagsbereiche** notiert ist: „Schule", „Sport", „Musik", „Ferienjob". Die Schüler finden sich zu zweit zusammen und ziehen blind einen der zusammengefalteten Zettel. In *Partnerarbeit* überlegen sie sich für ihren

Bereich **Beispielsituationen**, die das Thema bzw. die Botschaft des Bibeltextes zum Ausdruck bringen, und halten diese auf einem Blatt fest. Dann werden die Blätter mit einem anderen Paar getauscht: Jedes Paar liest die fremden Beispiele und überlegt sich:

a) was in dieser Situation nach menschlichem Denken gerecht wäre und
b) was nach Gottes Verständnis gerecht wäre.

Ideen zur Sicherung/zum Abschluss

- Die Schüler erstellen in *Gruppenarbeit* ein **„Jobprofil" für einen gerechten Trainer** einer Fußballmannschaft und halten die Anforderungen auf einer Stellenausschreibung fest. Welche Fähigkeiten muss solch ein Trainer mitbringen?
- Alle Schüler schreiben in *Einzelarbeit* ein **persönliches Statement zu der Bibelgeschichte** auf eine Karteikarte. Die Karten werden gemischt und verdeckt auf einen Stapel in die Mitte gelegt. Jetzt zieht jeder reihum eine Karte und liest das Statement im *Plenum* laut vor. Dann kommentiert der Schüler das Statement (mit Zustimmung, Ablehnung, Ergänzung usw.).

Möglichkeiten der Weiterführung

Biblisch: *Die Goldene Regel* (Matthäus 7,12)

Thematisch: Gemeinschaft, Nächstenliebe, Chancengleichheit

Ideen für besondere Projekte

Die Schüler bereiten in Kleingruppen ein **Interview** mit einem Anwalt, einem Richter, einem Sozialarbeiter, einem Flüchtling usw. vor und befragen sie darin zu ihrem Verständnis zu Recht, Unrecht und Gerechtigkeit. Dann werden die Interviews durchgeführt und ausgewertet.

KV: Zitate aus einem (un-)gerechten Leben

Zitate aus einem (un-)gerechten Leben

„Aber meine Schwester darf auch bis 22 Uhr YouTube®-Videos ansehen!"

„Er hat ständig geschwatzt. Ich habe aber nur einmal etwas gesagt!"

„Auch ohne sich anzustrengen, beeindruckt sie alle mit ihrer glasklaren Stimme. Und ich, ich nehme seit Jahren Gesangsunterricht und treffe trotzdem noch immer nicht die Töne."

„Er verdient 3 000 € pro Monat und ich nur 2 000 €!"

„Bei ihm haben Sie doch auch ein Auge zugedrückt. Warum sind Sie jetzt so kleinlich?"

„Die anderen haben doch auch schon mehrmals das Training geschwänzt, warum soll ich jetzt bestraft werden?"

Das letzte Abendmahl

(Markus 14,12–25)

Worum geht's?

Themen: Abschied nehmen, Gottesdienst, Abendmahl, Sakramente

Textgattung: Evangelium

Inhalt/Hintergrund: Am Abend vor seinem Leiden nimmt Jesus in Form eines gemeinsamen Mahls von seinen Jüngern Abschied. Er fordert sie auf, auch künftig dieses Mahl zu halten, um sich dabei an ihn zu erinnern. Im Text über das letzte Abendmahl sind einige, zentrale Symbole des christlichen Glaubens zu finden. Z. B. bricht Jesus das Brot (Symbol für den Leib Christi) und gibt es den Jüngern, und er erhebt den Kelch mit Wein (Symbol für das Blut Christi) und gibt allen davon zu trinken. So bildet diese Bibelstelle die Grundlage für die Eucharistie- bzw. Abendmahlsfeiern in den Gottesdiensten.

Bedeutung: Jede Eucharistie- bzw. Abendmahlsfeier ist eine Erinnerung an das letzte Abendmahl Jesu. Ein wichtiger Aspekt dabei ist die Gemeinschaft – das Abendmahl lässt sich nur zusammen mit anderen feiern. Für die katholischen Christen hat das Abendmahl sogar noch mehr als eine Erinnerungsfunktion: Sie glauben, dass Jesus bei der Eucharistiefeier im Brot und im Wein real gegenwärtig ist.

Querbezug zur Lebenswelt der Schüler: Nur wenige Schüler nehmen regelmäßig an Eucharistie- oder Abendmahlsfeiern teil. Dabei ist sie das wichtigste christliche Ritual. Allerdings kennen viele aus ihrem familiären Alltag das Ritual, dass möglichst alle Familienmitglieder gemeinsam essen, zumindest eine Mahlzeit am Tag. Hier bietet sich ein Anknüpfungspunkt, um den Schülern bewusst zu machen, welche gemeinschaftsstiftende Funktion ein gemeinsames Essen hat. Ebenso haben sicherlich alle Schüler schon einmal Abschied genommen, z. B. von lieben Verwandten, die man nur einmal im Jahr sieht, von einem lieb gewonnenen Austauschschüler etc. Auch hier lässt sich gut ein Bezug zum Bibeltext herstellen.

Unterrichtsideen

Ideen zum Einstieg

- Legen Sie im Klassenraum mehrere DIN-A4-Zettel aus (ca. halbe Klassenstärke), auf die sie zuvor je eine **Abschiedssituation aus der heutigen Zeit** geschrieben haben, z. B.:
  - Die gemeinsame Schulzeit endet.
  - Jemand geht für ein Semester ins Ausland.
  - Jemand wechselt den Arbeitsplatz.
  - Jemand wandert nach Australien aus.
  - Jemand ist unheilbar krank.

  Die Schüler finden sich zu zweit zusammen und spazieren paarweise zwischen den Zetteln umher. An jeder Station diskutieren sie in *Partnerarbeit* Ideen, wie dieser Abschied gefeiert/begangen werden könnte. Geben Sie zwischendurch jeweils ein Signal, wenn es Zeit ist, um an eine andere Station zu wechseln.

- Zeigen Sie den Schülern via Whiteboard oder OHP das berühmte Gemälde **„Das letzte Abendmahl" von Leonardo da Vinci** (siehe farbige Bildvorlage im Download). Geben Sie ihnen zunächst Zeit, um das Bild zu betrachten. Anschließend stellen sich die Schüler das Gemälde in *Partnerarbeit* gegenseitig vor. Es folgt ein Austausch im *Plenum*: Worauf wurden die Schüler durch die Beschreibung des Partners aufmerksam, was ihnen zuvor vielleicht noch nicht aufgefallen ist? Jeder formuliert einen Satz.

- Führen Sie im *Plenum* ein gemeinsames Brainstorming durch: **Warum feiern Christen Gottesdienst?** Jede Antwort wird auf einen Zettel geschrieben und an die Tafel geklebt oder an die Pinnwand geheftet. Anschließend werden die Gründe gewichtet (also die Zettel umsortiert): Welche sind wohl wichtiger (sie kommen nach oben) als andere (sie kommen nach unten)? Leiten Sie danach über zu der Frage: Wer hat eigentlich Gottesdienste „erfunden"? Die Schüler erfahren die Antwort, indem sie den biblischen Text lesen.

Ideen zur Besinnung/Meditation

Spielen Sie das Lied **„Das letzte Abendmahl"** (bzw. „The Last Supper") aus dem Musical „Jesus Christ Superstar" vor (zu finden auf YouTube® oder auf DVD erhältlich). Verteilen Sie danach den Liedtext oder projizieren Sie ihn an die Wand (auch dieser ist leicht im Internet auffindbar). Die Schüler lesen den Text nochmals durch und nennen Wörter und Satzteile, die ihnen ins Auge stechen oder die am meisten bei ihnen ausgelöst haben.

Ideen zur Erarbeitung

- Verteilen Sie an alle Schüler eine Kopie des 📷 Gemäldes **„Das Abendmahl" von Leonardo da Vinci** (siehe Bildvorlage im ⬇ Download). Um das Bild herum muss allerdings ausreichend Platz auf den Arbeitsblättern sein. In *Partnerarbeit* fügen die Jugendlichen nun bei jedem Jünger eine **Sprech-** und eine **Gedankenblase** hinzu und schreiben auf, worüber sie wohl gesprochen haben bzw. was ihnen durch den Kopf gegangen ist.
Bei leistungsschwachen Klassen empfiehlt es sich, vorher nochmals die Atmosphäre/Stimmung ins Gedächtnis zu rufen, die damals vermutlich geherrscht hat (Stichwort: Abschiedsessen). Anschließend werden die Blätter mit einem anderen Paar ausgetauscht. Die Schüler lesen die Statements und Gedanken und überlegen sich zu zweit, wie wohl Jesus darauf reagiert hat: Sie malen zwei bis drei Sprechblasen zu Jesus und legen ihm darin Antworten/Aussagen in den Mund. Danach gehen die Blätter an die ursprünglichen Schüler zurück und es erfolgt eine Auswertung im *Plenum*: Welche Statements/Gedanken klingen authentisch, welche weniger?
- Der Bericht über das Abendmahl ist **in allen vier Evangelien** zu finden. Diese vier Versionen lassen sich gut in **Expertengruppen vergleichen**: Zunächst erhält jeder Schüler einen der vier Evangelientexte und liest ihn in *Einzelarbeit* aufmerksam durch – sie werden also „Experte" für diese Version (verteilen Sie die Texte so, dass je ein Viertel der Klasse denselben Text liest). Anschließend bilden immer vier Schüler eine Gruppe, sodass alle Evangelientexte vertreten sind. Die Jugendlichen arbeiten nun in *Gruppenarbeit* heraus, welche Gemeinsamkeiten die vier Texte haben. Diese werden auf einem Plakat links festgehalten, während die Unterschiede rechts notiert werden. Im *Plenum* werden danach die Gruppenergebnisse präsentiert und verglichen. Schließlich leiten Sie zu der Frage über: Was kann man daraus ableiten, dass das Abendmahl in allen vier Evangelien vorkommt? (Z. B.: es ist ein wichtiges, zentrales Ereignis; es trägt zur Glaubwürdigkeit bei, dass das Ereignis gleich von mehreren Quellen belegt wird, usw.).
Wenn ausreichend Zeit zur Verfügung steht, können die Schüler in *Einzelarbeit* einen „Remix" verfassen: Sie schreiben einen Text, der alle vier Versionen kombiniert.

- Die Schüler schlüpfen in die Rolle von **Film- oder Theater-Regisseuren**, die **die Abendmahlszene inszenieren** wollen. Dafür machen sie sich zunächst in *Partnerarbeit* einige Gedanken: Welche Dialoge kommen vor? Welche Kulissen, welches Licht, welche Kleidung soll verwendet, welche Stimmung soll erzeugt werden? Was ist im Hinblick auf die Zuschauer zu beachten? Für diese Vorbereitung erhalten die Schüler ein Regieblatt (siehe KV auf S. 137 und im Download). Sie können den Schülern anschließend einige Abendmahlsszenen aus Jesus-Filmen zeigen (z. B. „Das Leben des Brian", „Jesus Christ Superstar", „Jesus von Montreal" usw.). Die Schüler vergleichen die Szenen miteinander und arbeiten Gemeinsamkeiten und Unterschiede heraus bzw. vergleichen sie mit ihren eigenen Entwürfen.

Ideen zur Sicherung/zum Abschluss

- Jeder Schüler verfasst in *Einzelarbeit* eine **Rede** zu der Frage **„Warum ist es wichtig, dass Christen an Gottesdiensten teilnehmen?"** und trägt diese dann im *Plenum* vor. Darin sollten die Inhalte der vergangenen Stunde vorkommen. Bei leistungsschwachen Klassen lohnt es sich, vorab gemeinsam in Erinnerung zu rufen, worauf es bei einer Rede ankommt bzw. welche Elemente sie enthält (u. a. die Zuhörer direkt ansprechen, nicht drohen, Aussagen begründen usw.).
- Die Klasse wird in zwei Gruppen geteilt. Welcher Gruppe gelingt es schneller, die **Abendmahlszene als Standbild** ohne Vorlage möglichst perfekt darzustellen? Wichtig: Während das Standbild gebildet wird, darf kein Wort gesprochen werden! Die Schüler dürfen sich in der *Gruppenarbeit* nur durch Mimik und Gestik verständigen.
  Alternativ können Sie den Schülern auch via Whiteboard oder OHP das Gemälde von Leonardo da Vinci (siehe Bildvorlage im Download) kurz präsentieren und nach wenigen Sekunden wieder ausblenden. Nun versuchen die Gruppen aus der Erinnerung die Szene so genau wie möglich nachzustellen. Am Ende wird mit der Bildvorlage verglichen – welche Gruppe ist näher am Original?
- Alle Schüler erhalten einen leeren Pappteller. Jeder schreibt in *Einzelarbeit* möglichst viele **Tipps für eine Abschiedsfeier** auf: Worauf ist bei einer solchen Feier zu achten? Anschließend werden die Ergebnisse im *Plenum* gesammelt.

Möglichkeiten der Weiterführung

Biblisch: *Die Leidensgeschichte Jesu* (Johannes 18,1–19,42)

Thematisch: Judentum, Pessach, Aufbau eines Gottesdienstes, konfessionelle Unterschiede: Wie wird in der evangelischen Kirche das Abendmahl gefeiert? Wie feiern Katholiken die Eucharistie?, Karfreitag, Ostern

Ideen für besondere Projekte

Die Schüler organisieren ein **gemeinsames Picknick im Grünen**. Jeder bringt dafür etwas zu essen oder zu trinken mit. Alle legen Wert darauf, dass beim Essen eine gute, respektvolle Atmosphäre herrscht.

KV: Regieblatt für das letzte Abendmahl

Regieblatt für das letzte Abendmahl

Das letzte Abendmahl

Darsteller:

Kulisse/Requisiten:

Atmosphäre/Stimmung:

Musik:

Licht:

Dialoge:

Die Geburt Jesu

(Lukas 2,1–20)

Worum geht's?

Themen: Leben Jesu, Weihnachten, Gott wird Mensch, Hoffnung

Textgattung: Evangelium

Inhalt/Hintergrund: Für eine durch den Kaiser Augustus angeordnete Volkszählung begeben sich Maria und Josef auf den weiten Weg von Nazareth nach Bethlehem. Dort bringt Maria ihr Kind zu Welt. Ein Engel kündigt das Ereignis den Hirten auf dem Feld an: Mit Jesus ist der versprochene Messias geboren.

Bedeutung: Kaum eine biblische Erzählung ist mit so vielen Details in den Köpfen der Menschen verankert wie die Weihnachtsgeschichte. Doch Achtung: Viele der vermeintlichen Details kommen so gar nicht im Ursprungstext vor! Aber egal wie wir uns die Geschichte auch ausmalen – sie führt uns Weihnachten als Fest der Hoffnung vor Augen.

Querbezug zur Lebenswelt der Schüler: Bei den Schülern stehen an Weihnachten meistens das gemeinsame Feiern mit der Familie, die Weihnachtsbräuche und die Geschenke im Vordergrund. Aber warum feiern wir Weihnachten und was ist die biblische Grundlage? Indem die Schüler sich mit der biblischen Geschichte beschäftigen, finden sie heraus, worum es an Weihnachten wirklich geht bzw. welche Bräuche tatsächlich einen biblischen Bezug haben.

Unterrichtsideen

Ideen zum Einstieg

- Zeigen Sie den Schülern ein 📷 Foto von einer **leeren Weihnachtskrippe** oder noch besser: Bringen Sie eine leere Weihnachtskrippe mit. Die Schüler versuchen im *Plenum* gemeinsam aufzuzählen, wer alles in die Krippe gehört. Als Variante können Sie die Krippenfiguren auch an die Schüler

verteilen: Jeder setzt dann seine Figur in die Krippe und erklärt dabei, um wen es sich bei der Figur handelt bzw. welche Rolle sie in der Weihnachtsgeschichte spielt.
- Fordern Sie die Jugendlichen auf, in *Partnerarbeit* eine Liste zu erstellen: **Was kommt in der biblischen Weihnachtsgeschichte alles vor?** Welche Personen, welche Erklärungen, welche Situationen, welche Formulierungen? Die Schüler sollen versuchen, sich an möglichst viele Details zu erinnern. Anschließend nehmen die Schüler einen grünen Stift zur Hand und Sie lesen die Weihnachtsgeschichte vor. Während die Schüler aufmerksam zuhören, haken sie alle Punkte auf ihrer Liste ab, die tatsächlich vorkommen. Danach nennt jedes Paar im *Plenum* die Punkte, die nicht vorkamen. Überlegen Sie dann gemeinsam mit den Schülern: Warum haben viele ein „falsches Bild" von der biblischen Weihnachtsgeschichte? (z. B. weil Medien, Werbung, Lieder usw. Weihnachten in so vielen Details schildern, die hinzuerfunden wurden.)

Ideen zur Besinnung/Meditation

Zeigen Sie den Schülern auf YouTube® einen aktuelles **Weihnachtsmusikvideo** (z. B. „Every Day's Like Christmas" von Kylie Minogue oder „One More Sleep" von Leona Lewis). Nach dem Clip folgt eine Stille. Die Schüler denken über die Frage nach: **Was bedeutet Weihnachten für mich?**

Ideen zur Erarbeitung

- Die Schüler erhalten je zu zweit den **Text eines traditionellen Weihnachtslieds** (z. B. Stille Nacht, Oh du fröhliche, Leise rieselt der Schnee, Es ist ein Ros entsprungen o. Ä. – die Texte finden Sie z. B. leicht im Internet). Sie **vergleichen** nun in *Partnerarbeit* den Liedtext **mit dem biblischen Text** und markieren alle Stellen, die sich auf die Bibel beziehen bzw. in der Bibel vorkommen.
- **Was verrät uns der biblische Text über Jesus?** Die Schüler schreiben in *Einzelarbeit* ein **Porträt**, indem sie sich auf die Infos aus dem Bibeltext beschränken (evtl. sollten die Schüler zuvor im Text die entsprechenden Stellen markieren). Dann wird das Porträt mit dem Nachbarn ausgetauscht und korrigiert, indem alle Infos, die so nicht in der Bibel vorkommen, markiert werden.

Teil II

- Die Schüler zeichnen in *Einzelarbeit* einen **Comic**, der sich möglichst nah an den biblischen Text hält. Es folgt ein Austausch im *Plenum*: Welche Szenen waren eine besondere Herausforderung? Woran lag das? (Wenn nur wenig Zeit zur Verfügung steht, könnte die Klasse auch gemeinsam einen Comic zeichnen: Jeder beschäftigt sich mit einer anderen Szene. Damit der rote Faden erkennbar wird, sollte man sich aber vorher die zentralen Darstellungen besprechen: z. B. Wie stellen wir die Krippe dar? Welche Farbe hat der Mantel von Maria? usw.)

Ideen zur Sicherung/zum Abschluss

- Kleben Sie einen **„Patchwork-Teppich"** aus Papier auf den Boden (mehrere leere DIN-A4-Zettel, die zu einem Rechteck zusammengelegt sind). Ein Stift wandert herum. In jedem „Teppich-Stück" soll in der richtigen Reihenfolge eine **Szene aus der biblischen Weihnachtsgeschichte** notiert werden.

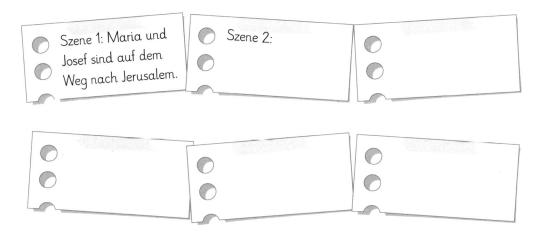

- **Fehler gesucht:** Jeder fertigt in *Einzelarbeit* eine kleine Skizze zur biblischen Weihnachtsgeschichte an und baut einen „Fehler" ein, sprich: ein Detail, das nicht in der Bibel vorkommt. In *Gruppenarbeit* zeigen die Schüler sich dann gegenseitig ihre Zeichnungen und versuchen, auf den Skizzen der anderen herauszufinden, welche Details nicht biblischen Ursprungs sind.

Möglichkeiten der Weiterführung

Biblisch: *Auszug aus dem vierten Lied vom Gottesknecht* (Jesaja 53,2–8), *Die Huldigung der Sterndeuter* (Matthäus 2,1–12), *Der Kindermord in Bethlehem* (Matthäus 2,16–18)

Thematisch: Weihnachten bei uns und in anderen Ländern, Die Heiligen Drei Könige, Sternsinger – Kinder helfen Kindern

Ideen für besondere Projekte

Zeigen Sie den Schülern einen **Weihnachtsfilm**. Es kann sich auch um eine Komödie handeln. Die Schüler haben den Auftrag, **Parallelen und Unterschiede zur biblischen Geschichte** zu suchen.

Die Versuchung Jesu

(Lukas 4,1–13)

Worum geht's?

Themen: Versuchungen erkennen und widerstehen, Menschsein in Freiheit und Verantwortung, sich Abhängigkeiten bewusst machen, Gewissen

Textgattung: Evangelium

Inhalt/Hintergrund: Während Jesus 40 Tage in der Wüste verbringt, versucht der Teufel, den Sohn Gottes auf seine Seite zu ziehen, und lockt ihn mit attraktiven Angeboten. Doch Jesus lässt sich nicht um den Finger wickeln bzw. entlarvt die Versuchung.

Bedeutung: Die Geschichte macht deutlich, dass Jesus wie jeder normale Mensch Versuchungen ausgesetzt ist. Jeder muss sich diesen Versuchungen stellen und bewusst Prioritäten setzen. In dieser Bibelstelle geht es um eine Grundsatzentscheidung: Folge ich Gott und respektiere ich seine Gebote – oder diene ich anderen Göttern bzw. Götzen?

Querbezug zur Lebenswelt der Schüler: Täglich werden Jugendliche mit Versuchungen konfrontiert: An der PlayStation® zocken statt für die Mathe-Arbeit lernen? Doch noch ein bisschen Schokolade? Noch ein paar YouTube®-Videos reinziehen statt ins Bett zu gehen? Ausschlafen statt ins Training zu gehen? Und dazu kommt noch die Werbung, die uns im Fernsehen, im Internet oder auf Plakaten etc. mit süßen Versprechungen lockt. Viel zu schnell gibt man der Versuchung nach und oft ist man sich gar nicht bewusst, dass man wieder mal verführt wurde.

Unterrichtsideen

Ideen zum Einstieg

- Die Schüler bilden Kleingruppen. Jede Gruppe erhält eine **Werbeanzeige** (ein Inserat, ein Plakat, eine TV-Werbung o. Ä.), bei der sie in *Gruppenarbeit* Produkt, Motive und Sprache **analysieren**. Wie will die Werbung etwas in uns auslösen? Dann werden neuen Gruppen gebildet, sodass immer je ein Mitglied aus den Einstiegsgruppen vertreten ist. Die Schüler beschreiben die Werbung, mit der sie sich beschäftigt haben, und präsentieren die Ergebnisse ihrer Analyse. Wenn alle an der Reihe waren, werden die Gemeinsamkeiten auf Stichwortkarten geschrieben und anschließend im *Plenum* präsentiert.
- Zeigen Sie den Schülern via OHP oder Whiteboard das 📷 Bild „**Die Versuchung**" (siehe farbige Bildvorlage im ⬇ Download). Die Schüler äußern im *Plenum* ihre Assoziationen: Welche Gedanken gehen dem Hund wohl durch den Kopf?
- Starten Sie mit einer **Fantasiereise**: Die Schüler schließen die Augen und hören zu, während Sie langsam einen Text vorlesen, mit dem Sie **die Schüler in Versuchung führen** möchten:

Ich bin so lecker. Ich schmecke nach Schokolade, Vanille und Zimt. Nur zwei Bissen und weg bin ich. Ach komm, probier mich! Du kannst dir gar nicht vorstellen, wie toll ich schmecke ... Nimm mich einfach aus dem Regal, es schaut eh niemand zu. Ich bin ja nur ein kleiner Schokoriegel. Keine Angst, so wenig Schokolade macht dich nicht dick.

Die Reise wird in *Partnerarbeit* ausgewertet, indem sich je zwei Schüler über die Bilder, die die Geschichte in ihnen hervorgerufen hat, austauschen. Sie können den Paaren alternativ auch den Auftrag geben, einen eigenen Text zu verfassen, der die Mitschüler in Versuchung führen soll.

- Legen Sie im Raum verschiedene **Bilder** aus, **die je eine Versuchung zeigen** (z. B. ein Bild von einem Eisbecher, einem Fernseher, einem Marken-T-Shirt etc.). Die Schüler spazieren herum und platzieren sich bei einem Bild. Alle Schüler, die beim selben Bild stehen, diskutieren in *Gruppenarbeit*:
    - Welche Versuchung wird dargestellt?
    - Warum ist diese Versuchung so heimtückisch?
    - Wieso ist es nicht gut, solchen Versuchungen immer nachzugeben? Welche Nachteile ergeben sich daraus?

Ideen zur Besinnung/Meditation

Die Schüler suchen sich einen ungestörten Platz und denken über ihre **eigenen Erfahrungen mit Versuchungen** nach, indem sie einen **Fragebogen** ausfüllen (siehe KV auf S. 145 und im Download). Schließen Sie die Besinnung mit einem gemeinsamen Vergebungsgebet ab.

Ideen zur Erarbeitung

- Die Schüler übertragen das **Gespräch zwischen Teufel und Jesus** in die heutige Zeit. Dazu skizzieren sie in *Partnerarbeit* einen **WhatsApp-Chat** zwischen den beiden und nutzen ausschließlich direkte Rede.
- Mit welchen **Tricks** versucht der Teufel, Jesus zu **überzeugen**? Die Schüler markieren in *Einzelarbeit* die entsprechenden Stellen im Text und geben jeder Stelle einen Titel.
- Die Schüler schreiben in *Partnerarbeit* Strategien/konkrete **Tipps** auf, **wie man sich der Versuchung am besten erwehren kann** (z. B. mit welchem Satz die innere Stimme der verführerischen Stimme antworten könnte). Dann werden alle Ideen im *Plenum* gesammelt.

- Die Schüler schreiben in *Einzelarbeit* einen **Brief an die Versuchung** mit der Kampfansage „Du kriegst mich nicht!". Danach erfolgt ein Klassengespräch im *Plenum*: Wie könnte uns dieser Brief künftig helfen? (z. B. zu Hause im Zimmer aufhängen usw.)

Ideen zur Sicherung/zum Abschluss

- Veranstalten Sie ein **Tauziehen**: Zwei bis drei Schüler halten das Seil am einen Ende, die anderen halten das Seil am anderen Ende. Sobald Sie das Zeichen geben, versuchen beide Seiten, die anderen zu sich zu ziehen. Stellen Sie dann im *Plenum* die Frage: Was hat dieses symbolische Spiel mit dem Thema Versuchung zu tun?
- Die Schüler formulieren in *Einzelarbeit* einen Werbespruch bzw. einen **Slogan**, der mit dem Begriff Versuchung spielt, die „Raffinesse" der Versuchung treffend sichtbar macht und Menschen aktiviert, sich weniger verführen zu lassen: z. B. „Eine süße Versuchung". Der erste Schüler liest seinen Slogan im *Plenum* vor. Ein Mitschüler deutet den Satz (Darin wird sichtbar ..., Darin kommt zum Ausdruck ...), dann liest er seinen Satz vor usw.

Möglichkeiten der Weiterführung

Biblisch: *Der Sündenfall bei Adam und Eva* (Genesis 3,1–24), *Von der falschen und der rechten Sorge* (Matthäus 6,19–34)

Thematisch: Fastenzeit, Sucht (Drogen, Handysucht ...), Abhängigkeiten, Habgier (Die sieben Todsünden)

Ideen für besondere Projekte

- Die Schüler **protokollieren** eine Woche lang, **wo und wie ihnen Versuchungen begegnen**.
- Lassen Sie die Schüler die Werbung einmal umdrehen, indem sie in Gruppen **Werbeplakate gegen die Versuchung** gestalten.

Die Bibel für Schüler lebendig machen

KV: Meine Erfahrungen mit Versuchung

Fragebogen: Meine Erfahrungen mit Versuchung

Diesen Versuchungen bin ich in den letzten Wochen/Monaten erlegen – kreuze an:

- ☐ Schokolade/sonstige Süßigkeiten
- ☐ rumhängen/faulenzen anstatt lernen
- ☐ Zeit online vertrödeln
- ☐ etwas stibitzen/klauen
- ☐ etwas vertuschen/jemand anderem in die Schuhe schieben
- ☐ ....
- ☐ ....

Welche Gedanken sind mir vorher durch den Kopf gegangen?

Wie habe ich mich hinterher gefühlt?

Wie kann ich verhindern, dass ich der Versuchung nochmals erliege?

Die Bibel für Schüler lebendig machen © Verlag an der Ruhr | Autor: S. Sigg | Abbildung: © jro-grafik/fotolia.com | ISBN 978-3-8346-3055-1

Teil II

Vom barmherzigen Samariter

(Lukas 10,25–37)

Worum geht's?

Themen: Hilfe für Menschen, die in Not sind, Nächstenliebe konkret leben

Textgattung: Evangelium, Gleichnis

Inhalt/Hintergrund: Dieses Gleichnis gehört zu den bekanntesten: Jesus wird von einem Schriftgelehrten gefragt, was er tun müsse, um das ewige Leben zu erhalten. Jesus erklärt, dass er den Nächsten lieben soll wie sich selbst. „Wer ist denn der Nächste?", will der Schriftgelehrte wissen. Daraufhin erzählt Jesus ihm zur Veranschaulichung die Geschichte vom Samariter, der als Einziger Mitleid mit einem von Räubern überfallenen Mann hatte und sich barmherzig um ihn kümmerte.

Bedeutung: Jeder von uns ist in der Pflicht, anderen zu helfen – selbst wenn es sich nicht um einen Verwandten oder Freund handelt. Das Besondere an dieser Bibelgeschichte ist, dass gerade der Mann aus Samarien (zur Zeit Jesu ein „Ausländer" und von den Juden als „Feind" betrachtet) hilft, während alle anderen, wie z. B. der Priester, einfach weitergehen. Das Gleichnis soll also zeigen, dass Nächstenliebe keine Grenzen kennt.

Querbezug zur Lebenswelt der Schüler: Wir Menschen – und damit auch die Jugendlichen – schauen im Alltag häufig weg, wenn wir andere Menschen in Not sehen. Was tun die Schüler bspw., wenn sie einen Bettler in der Fußgängerzone sehen? Wie auch viele Erwachsene fühlen sie sich in solchen Situationen oft überfordert und wissen nicht, wie sie helfen könnten. Dabei können schon kleine Gesten helfen – wie wäre es z. B., dem Bettler sein übrig gebliebenes Pausenbrot zu schenken? Die Auseinandersetzung mit dem Gleichnis vom barmherzigen Samariter soll den Schülern Mut machen, nicht länger wegzusehen, und zeigt ihnen Wege und Möglichkeiten, zu helfen.

Unterrichtsideen

Ideen zum Einstieg

- Zeigen Sie den Schülern ein aktuelles 📹 **Video von Jugendlichen** oder jungen Erwachsenen in Deutschland, **die Flüchtlingen helfen** (z. B. unter dem Suchbegriff „Schüler helfen Flüchtlingen"). Die Schüler äußern im *Plenum* ihre Reaktionen. Dann diskutieren sie über folgende Fragen:
  ↪ Warum helfen die Jugendlichen?
  ↪ Was beeindruckt mich daran?
  ↪ Inwiefern sind sie ein Vorbild für andere?
- Konfrontieren Sie die Schüler via Whiteboard oder OHP mit einem 📷 **Foto einer Schlägerei** (z. B. auf der Straße, im Fußballstadion o. Ä.). In *Partnerarbeit* überlegen die Schüler, wie sie als Zuschauer wohl reagieren würden. Dann sammeln sie Ideen, wie man in solch einer Situation reagieren sollte, und einigen sich auf die beste. Nun treten im *Plenum* immer zwei Paare gegeneinander an und stellen allen ihre Idee vor. Die anderen hören zu und geben der ihrer Meinung nach besseren Idee ihre Stimme. Fordern Sie dabei einige Schüler auf, ihre Wahl zu begründen. Wenn alle Paare an der Reihe waren, folgt eine kurze Auswertung: Gibt es noch weitere Verhaltensmöglichkeiten? Welches Verhalten würde wohl Jesus empfehlen?

Ideen zur Besinnung/Meditation

Auf dem Boden verteilt, liegen bunte DIN-A4-Blätter, auf denen jeweils eine **Zahl** notiert ist, die **für einen besonderen Sachverhalt** steht, z. B.:

(Kinder unter fünf Jahren sterben weltweit pro Tag an den Folgen von Hunger.)

(Menschen sind 2014 im Mittelmeer auf der Flucht nach Europa ertrunken.)

(Menschen waren 2014 in Deutschland obdachlos.)

(Menschen haben sich in Deutschland das Leben genommen.)

Die Klasse spaziert gemeinsam von Blatt zu Blatt. Erzählen Sie der Klasse, wofür jede Zahl steht. Nachdem alle Zahlen erklärt wurden, stellt sich jeder bei einer Zahl auf und begründet, warum ihn dieses Beispiel besonders berührt hat.

Ideen zur Erarbeitung

- Bereiten Sie einige DIN-A4-Zettel vor, indem Sie darauf **Alltagsorte** notieren, z. B. auf dem Schulhof, auf dem Fußballplatz, vor dem Supermarkt, an einer Kreuzung, im Fitness-Center etc. Die Schüler spazieren zu zweit von Blatt zu Blatt und überlegen sich in *Partnerarbeit* eine **Situation ähnlich wie beim barmherzigen Samariter**, die an diesem Ort spielen könnte. Geben Sie immer nach ca. 3 Minuten das Zeichen zum Wechsel. Zum Schluss werden die Ergebnisse im *Plenum* gesammelt. Fiel es den Schülern leicht oder schwer, sich passende Situationen auszudenken? Warum?
- Jeder Schüler erhält ein Arbeitsblatt mit **Adjektiven** (siehe KV auf S. 151 und im ⬇ Download), schneidet die einzelnen Wortkarten aus und überlegt dann in *Einzelarbeit*, wie sie sich **den Figuren im Gleichnis** – Opfer, Priester, Levit, Samariter – **zuordnen** lassen. Jeder sortiert seine Kärtchen, bevor die Zuordnungsvorschläge schließlich im *Plenum* verglichen werden. Fordern Sie die Schüler auf, ihre Zuordnungen zu begründen, vor allem, wenn sie unterschiedlicher Meinung sind!
- Die Schüler schreiben in *Einzelarbeit* eine **„Laudatio" an den barmherzigen Samariter**. Dafür müssen sie sich überlegen: Wie würde man begründen, warum der barmherzige Samariter einen Preis für sein Verhalten bekommt? Sammeln Sie vorab im *Plenum*, was für eine „Laudatio" typisch ist. Ziehen Sie den Vergleich zu den Reden bei der Oscarverleihung oder anderen Preisvergaben im Showbusiness. Sobald die Reden fertig geschrieben sind, lesen die Jugendlichen sie sich in *Partnerarbeit* gegenseitig vor. Der Partner gibt Verbesserungstipps, die eingearbeitet werden, bevor die Schüler ihre Reden im *Plenum* vortragen.
- Die Schüler bereiten in *Partnerarbeit* einen Fragebogen für ein **Interview zum Thema „Zivilcourage – bist auch du ein barmherziger Samariter?"** vor (mögliche Fragen: Was tust du, wenn im Bus eine ältere Dame angepöbelt wird? Bleibst du stehen, wenn dich auf der Straße ein Bettler anspricht?). Dann suchen sich alle einen neuen Partner und führen das Interview durch (erst interviewt Partner A mit seinen Fragen Partner B, dann wird gewechselt). Das Interview wird mit ein bis zwei weiteren Personen wiederholt. Dabei halten die Schüler jeweils die Antworten schriftlich auf

ihren Fragebögen fest. Schließlich treffen sich die Jugendlichen mit ihrem ursprünglichen Partner und werten die Interviews aus: Die zwei bis drei besten Antworten werden ausgewählt und danach im *Plenum* (zusammen mit den Fragen) präsentiert. Auch die Auswertung erfolgt gemeinsam: Was können wir von diesen Aussagen lernen? Welche Aussage war besonders überraschend oder ermutigend?

Ideen zur Sicherung/zum Abschluss

- Schreiben Sie an die Tafel: ... ist besser als ...
  Die Schüler denken an die Stunde zurück und **vervollständigen den Satz** der Reihe nach je mit einem Beispiel (z. B. hinsehen ist besser als wegsehen, nachfragen ist besser als Ohren verschließen).
- Zeigen Sie zum Abschluss das **Musikvideo „Herz über Kopf"** von Joris (z. B. bei YouTube® zu finden). Anschließend werden im Plenum folgende Fragen diskutiert: Was sind die Gemeinsamkeiten zwischen der Botschaft dieses Songs und dem Gleichnis vom barmherzigen Samariter? Worauf macht der Sänger aufmerksam?
- Am Boden liegen sechs DIN-A4-Blätter, auf jedem Blatt steht eine Kategorie:

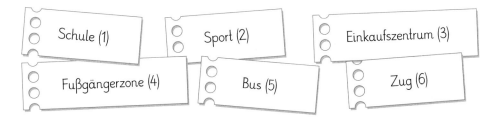

Die Schüler **würfeln** reihum und nennen für die gewürfelte Zahl bzw. Kategorie ein **Beispiel für ein Verhalten im Sinne des barmherzigen Samariters** in diesem Bereich (z. B. 5 → einer alten Dame seinen Sitzplatz anbieten). Wer ein Beispiel nennt, das schon angeführt wurde, muss nochmals würfeln.

Möglichkeiten der Weiterführung

Biblisch: *Die Goldene Regel* (Matthäus 7,12)

Thematisch: Leben in Gemeinschaft, Zivilcourage, Diakonie, Flüchtlingshilfe

Ideen für besondere Projekte

Laden Sie einen oder mehrere **Vertreter des Arbeiter-Samariter-Bunds** (Deutschland und Österreich) bzw. der Samariter (Schweiz) in den Unterricht ein. Die Gäste stellen sich und ihr Engagement vor, die Schüler stellen vorbereitete Fragen (z.B.: Welche Bedeutung hat für Sie das Gleichnis vom barmherzigen Samariter?). So lernen sie eine konkrete „Umsetzung" des Gleichnisses kennen.

KV: Adjektive für das Gleichnis

Adjektive für das Gleichnis

engagiert	hilflos	traurig
müde	mutig	gestresst
arrogant	hilfsbereit	einfühlsam
egoistisch	einfallsreich	großzügig
einsam	verängstigt	gleichgültig
beschämt	geizig	spontan
mächtig	achtlos	dankbar

Teil II

Maria und Marta

(Lukas 10,38–42)

Worum geht's?

Themen: Zeit sinnvoll nutzen, Freundschaft, sich bewusst Zeit für Freunde nehmen, Zeit/Aufmerksamkeit schenken

Textgattung: Evangelium

Inhalt/Hintergrund: Jesus besucht die beiden Schwestern Maria und Marta. Während Marta nervös herumhetzt und mit den verschiedensten Aktivitäten beschäftigt ist, um den Gast zu bewirten, setzt sich Maria zu Jesus und hört ihm zu. Marta wirft Maria vor, faul zu sein. Doch Jesus lobt Maria für ihr Verhalten.

Bedeutung: Zeit und Aufmerksamkeit sind begrenzte Güter. Jeder steuert selbst, wofür oder für wen er seine Zeit investiert. Jesus schätzt Marias Verhalten, denn sie nimmt sich bewusst Zeit für ihn, hört zu und kommt mit ihm ins Gespräch, während ihre Schwester vor lauter Hektik gar keine Zeit hat, sich auf den Gast einzulassen bzw. sich mit ihm auseinanderzusetzen.

Querbezug zur Lebenswelt der Schüler: Kinder und Jugendliche sind meistens noch sehr ungezwungen, wenn sie sich mit Freunden treffen, d. h., sie fühlen sich nicht verpflichtet, ständig etwas zu trinken anzubieten, nebenbei Snacks zuzubereiten oder vorher die Wohnung zu putzen, was womöglich dazu führt, dass man sich erst später (und kürzer) treffen kann. Auch haben sie vielleicht schon die Erfahrung gemacht, dass es manchmal schöner ist, einfach nur in Ruhe miteinander zu reden als verschiedenste Aktivitäten zu unternehmen. Hier besteht ein guter Anknüpfungspunkt für die Frage: Was bedeutet es konkret, Zeit mit Freunden oder Gästen zu verbringen bzw. jemandem Zeit zu schenken?

Unterrichtsideen

Ideen zum Einstieg

- An der Tafel sind Papierstreifen im „Backstein-Muster" befestigt (die Streifen bilden also in versetzten Reihen übereinander ein „Mauerwerk" ohne Lücken). Konfrontieren Sie die Schüler im *Plenum* mit der Frage: **Welche „Bausteine" sind wichtig für eine Freundschaft?** Jeder nennt ein Beispiel (z. B. Vertrauen, miteinander lachen können, ähnliche Hobbys, gleiche Wellenlänge etc.) und schreibt es in einen der Papierstreifen.
- Zum Einstieg hören die Schüler das ♪ **Lied „Ich trink auf dich" von Mark Forster**. Projizieren Sie anschließend den Liedtext an die Wand (Lied und Text finden Sie im Internet). In *Partnerarbeit* interpretieren die Schüler den Text und suchen Antworten auf die folgenden Fragen, die Sie z. B. an der Tafel notieren:
  ⊃ Worum geht es in dem Song?
  ⊃ Was genau hat die Freundschaft beendet?
  ⊃ Wie könnte man diese zerbrochene Freundschaft wieder kitten?
  Nun werden die Ergebnisse im *Plenum* gesammelt und verglichen.
- Die Schüler stellen sich vor, sie wären bei Freunden oder Verwandten zu Besuch. Jeder berichtet im *Plenum*, **welches Verhalten der Gastgeber ihn nervt oder stört**. Die Erfahrungen werden an der Tafel gesammelt.

Ideen zur Besinnung/Meditation

Die Jugendlichen setzen sich kreuz und quer im Raum verteilt auf den Boden. Drei Schüler erhalten einen Zettel mit einem der folgenden **Impulstexte**:

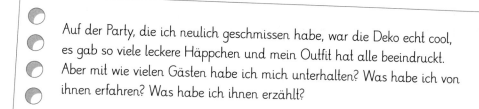

Auf der Party, die ich neulich geschmissen habe, war die Deko echt cool, es gab so viele leckere Häppchen und mein Outfit hat alle beeindruckt. Aber mit wie vielen Gästen habe ich mich unterhalten? Was habe ich von ihnen erfahren? Was habe ich ihnen erzählt?

> Vor ein paar Tagen hatten wir Besuch von Verwandten, die weiter weg wohnen und die wir nur einmal im Jahr sehen. Mensch, war das stressig! So schön es ist, sie zu sehen, ich bin immer froh, wenn der Trubel rundherum endlich wieder vorbei ist.

> Gestern war meine beste Freundin bei mir. Wir haben viel gemacht, z. B. uns gegenseitig Videoclips gezeigt, einen „Wer passt zu mir?"-Test aus einer Zeitschrift gemacht usw. Erst als wir uns verabschiedet haben, fiel mir ein, dass ich sie fragen wollte, ob es Neuigkeiten von ihrem Opa gibt, der im Krankenhaus liegt. Aber da hatten wir keine Zeit mehr zu reden. Jetzt weiß ich gar nicht, wie es ihr dabei gerade geht …

Nacheinander lesen die Schüler die Texte vor. Nach jedem Text gibt es eine Stille, damit alle über den Inhalt nachdenken können.

Ideen zur Erarbeitung

- Beschriften Sie für jeden Schüler einen Zettel: Auf je einem Drittel der Zettel notieren Sie „Jesus", „Maria" und „Marta". Alle bekommen einen zusammengefalteten Zettel und öffnen ihn. Nun schreiben sie in *Einzelarbeit* aus der Perspektive dieser Person eine **neue Version der Bibelgeschichte**. Bevor die Schüler beginnen, führen sie für sich ein Brainstorming durch: Wie verhält sich die Person in der Geschichte? Was tut sie? Was freut und was ärgert sie? Sobald die Texte fertig sind, bilden immer ein Jesus, eine Maria und eine Marta eine Gruppe. Alle lesen sich die Geschichten in *Gruppenarbeit* gegenseitig vor. Dann werden die Trios mit zwei alternativen Handlungsabläufen konfrontiert:
  a) Maria und Marta nehmen sich beide Zeit für Jesus
  b) Maria hilft Marta.
  Die Gruppen überlegen, wie die Geschichten dabei abgelaufen wären.
- Fordern Sie die Jugendlichen auf, zu überlegen, **worauf sie die beiden Schwestern aufmerksam machen möchten**. Welche Tipps haben sie für sie? Jeder verfasst in *Einzelarbeit* auf zwei Zetteln zwei **WhatsApp-Nachrichten** – eine an Maria und eine an Marta. Die Zettel werden eingesammelt und neu verteilt, sodass jeder zwei fremde Texte vorliegen hat. Die Schüler beantworten die beiden Nachrichten jeweils aus der Perspektive von Maria bzw. Marta.

- Die Schüler verfassen in *Partnerarbeit* einen **Dialog**, den Maria und Marta geführt haben könnten, **nachdem Jesus wieder gegangen ist**. Wie blicken die beiden wohl auf den Besuch zurück?

Ideen zur Sicherung/zum Abschluss

- Die Klasse wird in zwei Gruppen geteilt, die in einem **Adjektive-Wettstreit** gegeneinander antreten: Eine Gruppe wird der Figur der Maria zugeteilt, die andere übernimmt Marta. Die Jugendlichen versuchen nun, in *Gruppenarbeit* so schnell wie möglich passende Adjektive für ihre Figur zu sammeln, die von einem Schriftführer notiert werden (z. B. für Marta: hektisch, nervös, beschäftigt, abwesend, abgelenkt …; für Maria: aufmerksam, anwesend, konzentriert, entspannt …). Sobald eine Gruppe zehn verschiedene Adjektive notiert hat, ruft der Schriftführer „Stopp!". Die Gruppe liest nun im *Plenum* ihre Wortliste vor. Sollte ein Adjektiv inhaltlich nicht passen oder aus Versehen doppelt vorkommen, ist die andere Gruppe Sieger.
- Die Schüler erhalten das Arbeitsblatt **„Meine Freunde und ich"** (siehe KV auf S. 156 und im Download) und füllen dieses in *Einzelarbeit* aus: Was wünschen sie sich von ihren Freunden? Wie möchten sie im Gegenzug zu ihnen sein? Sobald sie fertig sind, kreisen sie bei beiden Fragen die drei wichtigsten Punkte/Eigenschaften farbig ein und lesen diese im *Plenum* vor.

Möglichkeiten der Weiterführung

Biblisch: *Alles hat seine Zeit* (Prediger/Kohelet 3,1–15)

Thematisch: Vertiefung zum Thema „Umgang mit Zeit" (Wie kann/möchte ich meine Zeit sinnvoll einsetzen?) und „Empathie" (Wie aufmerksam bin ich zu anderen? Nehme ich es wahr, wenn jemand meine Hilfe benötigt, es mir aber vielleicht nur indirekt zeigt?)

Ideen für besondere Projekte

Die Schüler erarbeiten in Gruppen eine Idee und ein konkretes Drehbuch für einen **Werbespot**, der Bewusstsein für die Botschaft der „Maria und Marta"-Geschichte schafft, und nehmen diesen anschließend mit ihrem Smartphone auf.

KV: Meine Freunde und ich

Seite 156_Maria und Marta_Meine Freunde und ich.pdf

Meine Freunde und ich

Das wünsche ich mir von meinen Freunden:

So möchte ich zu meinen Freunden sein:

Jesus und die Ehebrecherin

(Johannes 8,1–11)

Worum geht's?

Themen: Schuld und Vergebung/Versöhnung, Umgang mit Verbrechern

Textgattung: Evangelium

Inhalt/Hintergrund: Die Pharisäer wollen Jesus auf die Probe stellen: Sie bringen ihm eine Frau, die beim Ehebruch ertappt worden ist, und fragen, ob sie sie, wie durch Mose im Gesetz vorgeschrieben, steinigen sollen. Darauf entgegnet Jesus: „Wer von euch ohne Sünde ist, werfe als Erster einen Stein auf sie" (Johannes 8,7), woraufhin nach und nach alle den Platz verlassen.

Bedeutung: Jesus ruft dazu auf, zuerst vor der eigenen Tür zu kehren und sich mit der eigenen Schuld auseinanderzusetzen, bevor wir andere verurteilen. Er verzeiht der Ehebrecherin und macht damit deutlich: Auch wir dürfen darauf hoffen, dass Gott uns unsere Sünden verzeiht.

Querbezug zur Lebenswelt der Schüler: Viel zu schnell zeigen wir mit dem Finger auf andere Menschen, halten ihnen ihre Vergehen vor und brandmarken sie. Wie gemein das ist, wird einem erst bewusst, wenn man selbst mal in der anderen Situation ist – z. B. wenn der Bruder einen bei den Eltern verpetzt oder die Clique einen ausschließt.

Unterrichtsideen

Ideen zum Einstieg

- Projizieren Sie via Whiteboard oder OHP den **Chatverlauf** zwischen Anne und Marie von S. 160 (siehe auch im Download) an die Wand. Zwei Schüler lesen ihn mit verteilten Rollen vor. Anschließend erfolgt im *Plenum* ein kurzer Austausch: Warum geht es da? Welche Gefühle sind im Spiel? Wie könnte man den Chat betiteln?

- Projizieren Sie via Whiteboard oder OHP verschiedene **Schlagzeilen** (siehe KV „Die Medien berichten …" auf S. 161 und im ⬇ Download) an die Wand. Die Schüler überlegen sich in *Partnerarbeit* ähnliche Schlagzeilen und stellen diese im *Plenum* mündlich vor. Anschließend überlegen die Jugendlichen gemeinsam, warum solche Schlagzeilen so häufig auftauchen bzw. warum sich so viele Menschen für solche Meldungen interessieren.
- Malen Sie einen großen Zeigefinger an die Tafel. Stellen Sie im *Plenum* die Frage: **Wo zeigen wir mit dem Finger auf andere Menschen?** Die Schüler suchen Beispiele (z. B. bei Verbrechern, in der Schule, bei Vorwürfen usw.) und schreiben sie in den Finger. Dann wählt jeder für sich ein Beispiel aus und erklärt daran, warum es so leicht fällt, jemand anderen zu verurteilen.
- Lesen Sie **nur den ersten Teil der Geschichte** vor, der mit der Frage der Pharisäer an Jesus endet (Vers 1–5). Die Schüler überlegen sich in *Partnerarbeit* drei bis fünf **verschiedene Möglichkeiten, wie Jesus antworten könnte**. Anschließend setzen sie sich mit diesen Antworten genauer auseinander: Was wissen sie über Jesus? Welche Antwort passt am besten zu ihm? Die ausgewählten Antworten werden im *Plenum* auf einem Plakat gesammelt (gleiche Ideen nur einmal aufschreiben). Nun erhalten die Schüler einen grünen und einen roten Klebepunkt und kleben ihn neben die Antwort, die sie am meisten überzeugt (grün), und neben die Antwort, die sie am wenigsten überzeugt (rot). Erst danach werden die Schüler mit dem zweiten Teil des Textes konfrontiert und anschließend gefragt, ob und wie das Ergebnis sie vielleicht überrascht.

Ideen zur Besinnung/Meditation

Ein großes Plakat liegt in der Mitte. Als Überschrift steht darauf eine Impulsfrage: **Wo und wie haben wir uns alle schon mal schuldig gemacht?** Geben Sie eventuell als Anregung mögliche Situationen bzw. Alltagsbereiche vor – z. B. im Straßenverkehr, in der Familie, im Umgang mit der Natur, im Sport etc. Jeder Schüler überlegt für sich und schreibt konkrete Beispiele auf das Plakat. Es wird kein Wort gesprochen. Anschließend **bitten alle Gott mit einem Gebet um Verzeihung.** Dazu treten die Schüler einzeln vor, kreisen eines ihrer Beispiele ein und formulieren ein Gebet – z. B.: „Guter Gott, es tut uns leid, dass wir im Sport den Torwart angeschrien haben, weil er den Ball nicht halten konnte". Idealerweise machen auch Sie mit und formulieren als Erstes ein Gebet.

Ideen zur Erarbeitung

- Wie würde ein **TV-Reporter** über das Ereignis in dieser biblischen Geschichte berichten? Die Schüler versetzen sich in diese Rolle und verfassen in *Einzelarbeit* einen Bericht, in dem sie die Ereignisse aus ihrer Perspektive schildern. Dann wird der Text für eine Präsentation vorbereitet, indem sich die Schüler Notizen auf Karteikarten machen. Nun gehen einige von ihnen „auf Sendung": Sie kommen nach vorn und tragen die TV-Meldung vor.
- Diese biblische Geschichte steckt voller Skandale. Die Jugendlichen erstellen in *Partnerarbeit* eine Liste mit allen **Skandalen**, die sie in der Geschichte entdecken (Ehebruch, Verrat, Enthüllung, dass alle schon gesündigt haben, etc.). Vergleichen Sie die Ergebnisse im *Plenum*: Welcher Skandal ist der größte bzw. bei welchem handelt es sich um einen tatsächlichen Skandal?

Ideen zur Sicherung/zum Abschluss

- Legen Sie einen großen **Spiegel**, einen **Stein** und etwas **Sand** in die Stuhlkreismitte. Inwiefern handelt es sich dabei um Symbole des Bibeltextes? Was haben sie mit der Geschichte zu tun? Was ist ihre Bedeutung? Die Schüler äußern ihre Vermutungen und ergänzen sich gegenseitig.
- Die Schüler gestalten in *Gruppenarbeit* auf DIN-A3-Blättern **„Demonstrations-Plakate"** mit Slogans gegen das Verhalten der Pharisäer. Dann halten alle ihr Schild hoch und stellen es im *Plenum* vor.

Möglichkeiten der Weiterführung

Biblisch: *Die Goldene Regel* (Matthäus 7,12), *Das Vaterunser* (Matthäus 6,5–15): *„Und vergib uns unsere Schuld ..."*

Thematisch: Umgang mit Außenseitern, Mobbing, Gefängnis, Strafe

Ideen für besondere Projekte

Die Schüler können noch intensiver angeregt werden, sich mit ihrer eigenen Schuld auseinanderzusetzen, indem Sie mit ihnen gemeinsam einen Buß- bzw. Versöhnungsgottesdienst zum Thema „Keiner ist ohne Schuld" gestalten. Dazu können auch andere Klassen eingeladen werden!

KV: Ein Chatverlauf

KV: Die Medien berichten …

Die Medien berichten …

YouTube®-Star beim Klauen im Jeans-Shop erwischt

Casting-Teilnehmerin sorgt für peinlichen Auftritt

Fremdgegangen:
Warum Bayern-Stürmer seine Freundin betrog

Skandal in Bogenhausen:
Emma B. ist eine Umweltsünderin. Sie entsorgt den Müll einfach auf der Straße

Statistiken zeigen:
Teenager werden immer fauler

Die Bibel für Schüler lebendig machen © Verlag an der Ruhr | Autor: S. Sigg | Abbildung: © Giuseppe Porzani/fotolia.com | ISBN 978-3-8346-3055-1

Ich bin das Licht der Welt

(Johannes 8,12)

Worum geht's?

Themen: religiöse Symbole und ihre Bedeutung, Licht, Jesus als Zeichen der Hoffnung

Textgattung: Evangelium

Inhalt/Hintergrund: Im Gespräch mit den Pharisäern wird Jesus mit verschiedenen Fragen konfrontiert. Der Vers folgt der Szene, in der die Pharisäer eine Frau, der Ehebruch vorgeworfen wird, zu Jesus bringen (Johannes 8,1–11). Jesus fordert die Zuhörer und alle Menschen auf, ihm nachzufolgen, und erklärt gleichzeitig mit einem starken Bild, warum sich dies lohnt: Er verspricht denen, die ihm folgen, das „Licht des Lebens" statt Finsternis.

Bedeutung: Die Lichtsymbolik kommt in der Bibel mehrmals vor. Besonders Jesus wird vielfach als „Licht" bezeichnet. Er bringt Licht in die Dunkelheit. Gleichzeitig versucht Jesus den Menschen immer wieder bewusst zu machen, dass auch sie für andere ein Licht, also ein Hoffnungszeichen sein und dieses Licht an andere weitergeben können.

Querbezug zur Lebenswelt der Schüler: Auch Jugendliche erleben schon Rückschläge, machen negative Erfahrungen oder erleben Zeiten der „Dunkelheit". Sicherlich haben sie schon mal erlebt, dass ihnen jemand in einer solchen Zeit Mut gemacht und Hoffnung geschenkt hat, sodass die Welt bald wieder etwas „heller" erschien. Durch die Auseinandersetzung mit der Bibelstelle wird ihnen bewusst, dass sie – genau wie Jesus ein Zeichen der Hoffnung ist – Hoffnung und Licht in das Leben ihrer Mitmenschen bringen können.

Unterrichtsideen

Ideen zum Einstieg

- Konfrontieren Sie die Jugendlichen via OHP oder Whiteboard mit verschiedenen **Symbolen, die uns im Alltag überall begegnen** (siehe KV auf S. 166 und im Download). Die Schüler erklären zunächst im *Plenum*, was die einzelnen Symbole bedeuten. Anschließend folgt ein kurzer Austausch in *Partnerarbeit*: Warum ist unser Alltag voller Symbole? Welchen Zweck erfüllen sie? Warum gibt es so viele von ihnen? Sammeln Sie die Gedanken der Schüler danach im *Plenum*.
- Schreiben Sie links an die Tafel: Telefonieren, SMS schreiben usw. verboten Rechts zeichnen Sie ein **„Bitte Handy ausschalten"-Symbol**. Beide liefern die gleichen Informationen. Doch was ist der Unterschied? Welche Variante hat welche Vorteile und Nachteile? Die Schüler diskutieren im *Plenum*.
- Zünden Sie in der Kreismitte mehrere **Kerzen** an (alternativ können Sie den Schülern auch ein Foto von brennenden Kerzen zeigen). Die Schüler überlegen gemeinsam im *Plenum*: Was bewirken Kerzen? Was ist ihre Funktion? Warum und wo sind Kerzen heute noch in Verwendung, obwohl längst das elektrische Licht erfunden wurde?

Ideen zur Besinnung/Meditation

Dunkeln Sie den Klassenraum ab und spielen Sie den Schülern das **Lied „Dunkelheit" von Adel Tawil** vor. Die Schüler erinnern sich an dunkle Momente in ihrem Leben. Im Raum verteilt liegen Karteikarten aus schwarzem Tonkarton. Auf diese schreiben die Schüler ihre dunklen Erinnerungen mit einem schwarzen oder blauen Stift (so ist gewährleistet, dass niemand die Beispiele lesen kann). Zünden Sie nun eine einzelne Kerze an. Dann helfen die Schüler dabei, all die anderen Kerzen anzuzünden, die Sie zuvor bereitgelegt haben. Ein großes **Lichtermeer** entsteht. Es folgt erneut ein Augenblick der Stille. Die Schüler lassen die Kerzen auf sich wirken und nehmen sie bewusst wahr. Anschließend berichten die Jugendlichen über ihre Erfahrungen, die sie bei dieser Besinnungsübung gemacht haben. Wie haben sie sich während des ersten Teils gefühlt? Was hat dann das Entzünden der Kerzen bewirkt? Wie hat sich ihre Stimmung verändert? Wie fühlen sie sich jetzt?

Ideen zur Erarbeitung

- Lassen Sie die Schüler überlegen, wo und wie **Kerzen in der Kirche** zum Einsatz kommen, und sammeln Sie die Ideen im *Plenum* an der Tafel. Eventuell helfen Sie den Jugendlichen etwas auf die Sprünge bzw. ergänzen ihre Ideen (Tabernakel, Osterkerze, Taufkerze, bei der Verkündigung des Evangeliums, in der „Lichterkirche" im Advent etc.).
- Die Schüler rufen sich ihr bisheriges Wissen über Jesus und das Neue Testament in Erinnerung und überlegen in *Partnerarbeit*: **Wo und wie war Jesus für andere ein Licht?** Gerade in leistungsschwachen Klassen lohnt es sich, die Texte passender Bibelstellen bereitzulegen. Immer zwei Paare tun sich zusammen, vergleichen ihre Ergebnisse und ergänzen ihre Notizen.
- An der Pinnwand hängt ein kreisrundes gelbes Stück Pappe. Jeder Schüler erhält einen ebenso gelben Pappstreifen. Nun tun sich immer je drei bis vier Jugendliche zusammen und überlegen in *Gruppenarbeit*: **Warum ist Licht so wichtig?** Warum können wir nicht ohne Licht sein? Die Schüler schreiben auf jeden Pappstreifen eine Antwort/ein Beispiel und heften sie als Sonnenstrahlen rund um die gelbe Scheibe.
- Projizieren Sie (erneut) die 📷 Bildvorlage mit den vielen Symbolen an die Wand (siehe KV auf S. 166 und im ⬇ Download). Die Schüler tun sich zu zweit zusammen und überlegen in *Partnerarbeit*, welches dieser Symbole als ein **modernes „Bild" für Jesus** verwendet werden könnte. Dabei helfen ihnen folgende Leitfragen:
  - ↪ Wofür steht dieses Symbol? Was verbinden die Menschen damit?
  - ↪ Welche Eigenschaft von Jesus oder Gott kommt mit diesem Symbol zum Ausdruck?

  Anschließend werden die Ergebnisse im *Plenum* gesammelt, wobei die Paare ihre Symbol-Wahl stets begründen.

Ideen zur Sicherung/zum Abschluss

- Konfrontieren Sie die Schüler mit einem 📷 **Jesusbild** und einem **Foto von einer brennenden Kerze** und lassen Sie die Schüler im *Plenum* Gemeinsamkeiten und Unterschiede der beiden Darstellungen beschreiben.
- **Wie können wir für andere ein Licht sein?** Jeder Schüler entzündet ein Teelicht an einer großen Kerze und nennt dabei ein konkretes Beispiel.
- Schließen Sie die Stunde mit einem 🎞 **Musikvideo: „Lass dein Licht leuchten!"**, fordert uns Rita Ora in ihrem Song **„Shine ya Light"** auf

(zu finden auf YouTube®). Die Schüler denken über diese Aufforderung nach, während sie sich den Clip ansehen.

Möglichkeiten der Weiterführung

Biblisch: *Die Geburt Jesu* (Lukas 2,1–20), *Vom Licht unter dem Scheffel* (Matthäus 5,14–16)

Thematisch: Vertiefung zum Licht-Symbol in der Bibel/im Kirchenjahr (Weihnachten, Osterkerze etc.), weitere christliche Symbole

Ideen für besondere Projekte

- In der **aktuellen Popmusik** gibt es zahlreiche Liedtexte, in denen **mit dem Licht-Symbol** gearbeitet wird. Die Schüler suchen allein, zu zweit oder in Kleingruppen einen passenden Song heraus und setzen sich mit dem Text auseinander. Am Ende spielt jeder sein Lied der Klasse vor, drückt zwischendurch immer wieder auf Pause und kommentiert und erklärt die einzelnen Zeilen. – Mögliche Songs sind z. B.:
  - „Mach dein Licht an" von Ich + Ich
  - „Millionen Lichter" von Christina Stürmer
  - „Du bist das Licht" von Gregor Meyle
  - „Sei mein Licht" von Unheilig
- Lassen Sie die Schüler im Internet zur „Aktion Friedenslicht aus Bethlehem in Deutschland" recherchieren (z. B. auf www.friedenslicht.de) und organisieren Sie im Advent **eine eigene Friedenslicht-Aktion in Ihrer Schule**: Die Schüler verteilen vorbereitend in allen Klassenzimmern der Schule Kerzen. Dann entzünden sie eine zuvor gemeinsam verzierte Kerze und gehen mit dieser von Raum zu Raum, um die Kerzen für die Mitschüler anzuzünden und so das Friedenslicht weiterzugeben.

KV: Unser Alltag ist voller Symbole

Jesus heilt einen Blinden

(Johannes 9,1–12)

Worum geht's?

Themen: Wunder, Unsichtbares sehen können/Achtsamkeit, Jesus schenkt Heil

Textgattung: Evangelium, Wundererzählung

Inhalt/Hintergrund: In diesem Kapitel des Johannesevangeliums begegnen Jesus und seine Jünger einem Blinden, der von Geburt an nicht sehen kann. In der Geschichte wird betont, dass er unverschuldet blind ist – die Behinderung ist keine Strafe für eine Sünde. Jesus heilt ihn, sodass er von da an sehen kann. Das Brisante: Es ist Schabbat und da ist eigentlich jede Arbeit, auch die Tätigkeit des Heilens, verboten. Jesus hält sich jedoch nicht an die Regel, da ihm das Wohl des Blinden wichtiger ist. Dadurch entwickelt sich später ein Streitgespräch über die Schabbatruhe.

Bedeutung: Auch wer sich nicht näher mit der Geschichte beschäftigt, merkt sofort: Hier geht es nicht nur um das optische Sehen, indem Jesus dem Blinden das Augenlicht schenkt. Jesus vollbringt das Wunder, um den Anwesenden die Augen zu öffnen und bei ihnen den Glauben zu wecken: Jesus schenkt uns Augen für das Wesentliche. Gerade bei den wichtigen Dingen im Leben (z. B. dem Glauben, der Liebe usw.) benötigt man die Fähigkeit, auch Unsichtbares wahrzunehmen.

Querbezug zur Lebenswelt der Schüler: Im Alltag der Schüler wird das Wichtige oft „übersehen". Gerade in der Hektik der heutigen Zeit fehlen oft Zeit und Muße, genauer hinzuschauen und z. B. die Zeichen Gottes wahrzunehmen. Die Geschichte ist auch ein Appell für mehr Aufmerksamkeit im Alltag.

Teil II

Unterrichtsideen

Ideen zum Einstieg

- Präsentieren Sie via Whiteboard oder OHP ein 📷 **Foto von einem blinden Menschen**. Sammeln Sie im *Plenum* die Eindrücke der Schüler und fragen Sie: Wie geht unsere Gesellschaft mit Blinden um? Wie wird ihnen geholfen? Welche Dinge gibt es, für die auch wir blind sind, obwohl wir sehen können?
- Dieser Text bietet sich an, um ihn **mit verteilten Rollen zu lesen**. Projizieren Sie den Text via OHP an die Wand und markieren Sie die verschiedenen Sprech- und Erzählertexte mit unterschiedlichen Farben. Nun lesen sieben Schüler die Geschichte vor.
- Zeigen Sie den Schülern 📷 irgendein **Bild** – das Motiv spielt keine Rolle, aber es sollten **ganz viele Details** auf dem Bild zu sehen sein. Die Schüler haben nur 10 Sekunden Zeit, das Bild zu betrachten. Dann wird es wieder verdeckt. Die Schüler schreiben nun **aus der Erinnerung** in *Einzelarbeit* möglichst viele Dinge auf, die sie gesehen haben. Die Ergebnisse werden im *Plenum* gesammelt, dann erfolgt eine Auswertung:
  ⮕ An welche Details konnte sich kaum einer erinnern?
  ⮕ Was war die Herausforderung bei dieser Übung?
  ⮕ Welche Gemeinsamkeiten gibt es zum Alltag?
- **Wie gehen die Menschen in dieser Geschichte miteinander um?** Die Schüler finden sich zu zweit zusammen und füllen in *Partnerarbeit* das Arbeitsblatt „Wer wie mit wem?" aus (siehe KV auf S. 172 und im ⬇ Download).
- **Auf welche Dinge** wurden die Jugendlichen im Leben schon **von anderen aufmerksam gemacht?** (Z.B. „Du hast da einen Fleck …", „Sie steht total auf dich …") Jeder Schüler kommt zum OHP und schreibt auf der dort ausliegenden leeren Folie in *Einzelarbeit* ein Beispiel auf. Erst wenn alle etwas aufgeschrieben haben, wird der OHP eingeschaltet. Die Schüler lesen die Beispiele und tauschen sich in *Partnerarbeit* aus:
  ⮕ Warum werden diese Dinge leicht übersehen?
  ⮕ Wie können wir einander beim „Sehen" helfen?
- Bereiten Sie drei DIN-A4-Zettel vor, auf die Sie je eines der unten stehenden **Sprichwörter und Redewendungen** schreiben und die Sie dann im ganzen Klassenraum verteilen:

  - Liebe macht blind.
  - vor lauter Bäumen den Wald nicht mehr sehen
  - jemandem blind vertrauen

Die Schüler verteilen sich zu gleichen Teilen auf die Zettel und setzen sich dann in *Gruppenarbeit* mit dem Spruch auseinander:
- Was ist die Aussage des Sprichworts/der Redewendung? Worauf macht es/sie aufmerksam?
- Welche Art von „Sehen" wird in diesem Zitat thematisiert?
- Wie könnte man den Spruch in eigenen Worten formulieren?

Anschließend bilden die Schüler 3er-Gruppen mit je einem Vertreter der drei Sprüche und stellen sich gegenseitig ihre Ergebnisse vor. Schließlich erfolgt eine Auswertung im *Plenum*: Was haben diese drei Zitate gemeinsam?

Ideen zur Besinnung/Meditation

Es werden Paare gebildet. Einer der beiden Partner verbindet sich die Augen, der andere führt ihn herum (evtl. können Sie aus Tischen und Stühlen einen Parcours vorbereiten). Dann werden die Rollen vertauscht. Es lohnt sich, die Übung im Freien durchzuführen. Erinnern Sie die Schüler daran, welch große Verantwortung sie haben, wenn sie **jemanden führen, der nicht sehen kann**. Danach werden die Erfahrungen im *Plenum* ausgetauscht:
- Wie haben sich die Schüler als „Blinde" gefühlt? Wie als „Führende"?
- Was war positiv? Was war herausfordernd?
- Was hat euch überrascht?

Ideen zur Erarbeitung

- Die Schüler schreiben die Bibelgeschichte in *Einzelarbeit* ab und ersetzen dabei „der Blinde" durch ihren eigenen Namen. Die Schüler lesen die neue Version im *Plenum* vor. **Was (oder wer) genau ist mit „der Blinde" gemeint?** Sammeln Sie die Ideen an der Tafel und lassen Sie die Schüler anschließend wieder in *Einzelarbeit* einen kurzen Text über die Frage schreiben.
- Die Schüler nehmen irgendwo im Raum Platz und **betrachten das Klassenzimmer** und die Mitschüler von dort aus ganz genau. Sie halten alle **Details, die ihnen zum ersten Mal auffallen**, in Wort oder Bild auf ihrem Blatt fest (z. B. ein Riss in der Wand, die neuen Knospen an der Pflanze auf der Fensterbank etc.). Anschließend wählen sie eines dieser Details aus, auf das sie gern ihre Mitschüler aufmerksam machen möchten. Dazu verfassen die Schüler in *Einzelarbeit* eine kurze Beschreibung dieses Details, ohne es jedoch konkret zu benennen, und lesen den Text schließlich im *Plenum* vor.

Die anderen versuchen zu erraten, um welches Detail es sich handelt bzw. wo es zu finden ist. Werten Sie die Übung dann gemeinsam aus: Worum ging es dabei? Was wollen sich die Schüler merken?
- **Wie hätte ein Arzt auf den Blinden reagiert?** Wie wäre er vorgegangen? Welche Fragen hätte er dem Blinden gestellt? Die Schüler entwickeln dazu in *Partnerarbeit* ein Rollenspiel und spielen es anschließend im *Plenum* vor.
- Jeder Schüler erhält eine **aktuelle Zeitung oder Zeitschrift**. Wovor verschließen wir im Alltag die Augen? Was übersehen wir? Wofür sind wir blind? Die Schüler bekommen 5 Minuten Zeit, in *Einzelarbeit* in der Zeitung zu blättern und nach Beispielen zu suchen. Die Beispiele werden ausgeschnitten. Danach folgt die Auswertung im *Plenum*: Jeder stellt sein Beispiel vor, begründet kurz, warum er meint, dass dieses meist übersehen wird, und klebt es auf ein großes Packpapier, das in der Mitte liegt.
(Sie können diese Übung auch „virtuell" durchführen, indem die Schüler in Online-Zeitungen und Nachrichtendiensten recherchieren. Die Beispiele werden dann ausgedruckt oder auf Zetteln notiert.)
- Die Schüler schreiben in *Partnerarbeit* auf je einen Zettel **skeptische Stimmen zu dieser Bibelgeschichte** auf, also Statements von Menschen, die Zweifel an diesem Wunder hegen. Alle Statements werden in der Mitte auf den Boden gelegt. Jedes Paar wählt anschließend ein Statement der Mitschüler aus und nimmt es an den Platz. Weiterhin zu zweit überlegen sich die Schüler Gegenargumente bzw. Reaktionen auf das gewählte Statement. Was würden Augenzeugen zu diesen Statements sagen? Was sagen Menschen, die felsenfest von der Wahrheit dieser Geschichte überzeugt sind, zu diesen Statements? Die Ergebnisse werden dann im *Plenum* mündlich vorgetragen.

Ideen zur Sicherung/zum Abschluss

- In der Mitte auf dem Boden liegen Stichwortkarten, beschriftet mit den verschiedenen Personen aus der Geschichte:

Was haben sie durch dieses Wunder gelernt? Was ist ihnen wohl bewusst geworden? Die Schüler nehmen der Reihe nach eine Stichwortkarte in die Hand und formulieren im *Plenum* einen Satz, dann wird die Karte wieder in die Mitte gelegt.

- Jeder Schüler erhält einen schmalen Papierstreifen (ca. 2×20 cm). Darauf notiert er in *Einzelarbeit* einen Hinweis, der auf **kaum sichtbare, aber wichtige Dinge im Alltag** aufmerksam macht (z. B.: „Heute schon daran gedacht, wie gut du dich auf deine Freunde verlassen kannst?" oder „Schon mal überlegt, wie viele lustige Dinge du an einem Tag erlebst?"). Die Streifen werden laminiert und in die Mitte gelegt. Jeder wählt einen Streifen aus und bindet ihn als Armband um sein Handgelenk (z. B. indem das eine Ende des Streifens von oben, das andere von unten eingeschnitten wird; so können die Enden ineinander gesteckt werden). Fordern Sie die Schüler auf, den Streifen mindestens einen Tag lang als Erinnerung zu tragen. Kommen Sie in der nächsten Stunde darauf zurück und werten Sie im *Plenum* aus, welche Erfahrungen die Jugendlichen damit gemacht haben. Gibt es vielleicht sogar einen Schüler, der das Armband noch immer trägt?

Möglichkeiten der Weiterführung

Biblisch: *Vom barmherzigen Samariter* (Lukas 10,25–37), weitere Wundererzählungen

Thematisch: Nächstenliebe, Vertrauen, „Der kleine Prinz" von Antoine de Saint-Exupéry („Man sieht nur mit dem Herzen gut …").

Ideen für besondere Projekte

- Organisieren Sie eine **Begegnung mit einem nicht sehenden Menschen**. Die Schüler können sich mit Interviewfragen vorbereiten, die sie dem Blinden stellen möchten.
- Erstellen Sie gemeinsam mit den Jugendlichen einen **„Erlebnis-Parcours" zum Thema „Blindsein"**, an dessen Stationen die Schüler den Alltag von blinden Menschen kennenlernen und selbst ausprobieren können. Die Schüler bereiten die Stationen jeweils in *Gruppenarbeit* vor und betreuen sie auch, während die Mitschüler den Parcours durchlaufen. Es könnte z. B. eine Station zum Thema Blindenschrift geben, eine andere zum Umgang mit dem Blindenstock, eine weitere zum Thema Essen und Trinken ohne Augenlicht etc.

Teil II

KV: Wer wie mit wem?

Seite 172_Jesus heilt einen Blinden_Wer wie mit wem.pdf

Wer wie mit wem?

**Wie gehen die Personen in dem Bibeltext miteinander um?
Beschreibe in den einzelnen Feldern:**

	… dem Blinden	… den Menschen	… Jesus
Jesus mit …			
Die Menschen mit …			
Der Blinde mit …			

Beschreibt Verhalten, Einstellung und Gefühle der Personen vor und nach dem Wunder:

	Die Menschen	Der Blinde	Jesus
Vor dem Wunder			
Nach dem Wunder			

Die Bibel für Schüler lebendig machen

© Verlag an der Ruhr | Autor: Stephan Sigg | ISBN 978-3-8346-3055-1 | www.verlagruhr.de

Die Bibel für Schüler lebendig machen

Das Pfingstereignis

(Apostelgeschichte 2,1–13)

Worum geht's?

Themen: Heiliger Geist, Angst, Mut, Aufbruch, Begeisterung, sich verstehen, Sprachgrenzen überwinden

Textgattung: Geschichtsbücher des Neuen Testaments

Inhalt/Hintergrund: Die Erzählung vom Pfingstereignis hat Sprengkraft und markiert den Beginn von etwas Neuem: Die Geschichte gilt als Gründungsereignis bzw. Geburtstag der Kirche. Gott schickt seinen Heiligen Geist zu den Menschen. Hier erhalten die Jünger den konkreten Auftrag, hinauszugehen und die Botschaft Jesu in die Welt zu bringen. Die Geschichte bildet den Abschluss der Berichte über Tod und Auferstehung Jesu.

Bedeutung: In diesem Bibeltext wird sichtbar, welche Kraft der Heilige Geist hat und was dank ihm alles möglich wird (z. B. dass Menschen, die verschiedene Sprachen sprechen, sich plötzlich über die Sprachgrenzen hinweg verstehen). Der Heilige Geist schenkt Energie und Bewegung, er treibt an, er steckt uns mit dem „Feuer" des Glaubens an. Im Kirchenjahr hat die Erzählung ihren festen Platz: Pfingsten (50 Tage nach Ostern) gilt als eines der wichtigsten Kirchenfeste sowohl für Katholiken als auch für die Protestanten.

Querbezug zur Lebenswelt der Schüler: Was bereitet den Schülern Freude im Leben? Wofür können sie sich begeistern? Das Wort „Begeisterung" kennen die Schüler sicherlich – doch was steckt eigentlich dahinter? Durch die Auseinandersetzung mit der Pfingsterzählung werden die Jugendlichen für den Heiligen Geist sensibilisiert und sie lernen, auf ihn zu vertrauen. Hieran schließt sich die Frage: Wie und wo wird der Heilige Geist im Alltag erfahrbar?

Teil II

Unterrichtsideen

Ideen zum Einstieg

- Notieren Sie an der Tafel die beiden Formulierungen „**für etwas Feuer und Flamme sein**" und „**für etwas brennen**". Alle denken kurz in *Einzelarbeit* über diese beiden Sätze nach, dann kommen die Schüler der Reihe nach nach vorn und schreiben ein **Beispiel aus dem persönlichen Alltag** oder auch von anderen Menschen auf – z. B.: „Ich brenne für mein Hobby, das Tanzen".
- Die Schüler notieren auf der linken Seite eines leeren Blattes untereinander die Buchstaben des **Alphabets**. Sie bekommen nur 3–5 Minuten Zeit, um in *Einzelarbeit* möglichst viele Dinge aufzuschreiben, die ihnen richtig viel Spaß machen – diese müssen mit den einzelnen Buchstaben des Alphabets beginnen (z. B. A wie ausreiten, B wie Burger selbst machen und essen etc.).
- Die Schüler werden mit einer der beiden bekanntesten **Darstellungen des Heiligen Geistes** konfrontiert: Legen Sie ein ausgedrucktes 📷 Foto von einer Taube oder von einem Feuer in die Mitte. Was fällt den Jugendlichen dazu ein? Woran erinnert das Bild? Alle erhalten normale oder Klebezettel und schreiben je eine Idee pro Zettel auf. Schließlich präsentieren alle ihre Ergebnisse im *Plenum* und heften ihre Karteikarten an die Tafel. Gleiche oder ähnliche Ergebnisse werden dabei geclustert.
- Zum Einstieg werden die Schüler mit einem **Porträt oder** einem 🎥 **TV-Bericht über eine Person** konfrontiert, **die leidenschaftlich lebt bzw. für etwas brennt** (ein Schauspieler, ein Extremsportler etc.). Die Schüler lesen den Text bzw. sehen sich das Video an und tauschen sich anschließend in *Partnerarbeit* aus: Was beeindruckt sie an dieser Person? Was können wir von ihr lernen?

Ideen zur Besinnung/Meditation

- Zeigen Sie den Jugendlichen das 🎥 **Musikvideo „Burn" von Ellie Goulding** (z. B. bei YouTube® zu finden). Die Schüler äußern ihre Eindrücke: Was haben sie gesehen? Was genau zeigt der Clip? Verteilen Sie danach den Liedtext (ebenfalls leicht im Internet zu finden) und übersetzen Sie ihn mündlich mit den Schülern. Worauf machen der Text und das Video aufmerksam? (jeder hat

ein Feuer in sich, jeder sollte für etwas „brennen" bzw. leidenschaftlich leben, jeder kann das Feuer weitergeben etc.)

- Legen Sie im Raum 📷 **Fotos von verschiedensten positiven Alltagssituationen** aus: Freunde, Liebe, Party usw. Es sollten mindestens so viele Fotos wie Schüler sein. Passende Fotosammlungen finden Sie im Buchhandel. Die Schüler spazieren im Raum umher und lassen die Fotos auf sich wirken. Dann beginnen Sie ein **Dankesgebet**: „In unserem Alltag erleben wir immer viele schöne und positive Augenblicke. Guter Gott, wir möchten dir dafür danken ..." und jeder wählt ein Bild aus, setzt sich damit in den Kreis und führt das Gebet passend zu seinem Bild.

Ideen zur Erarbeitung

- Die Schüler stellen in *Partnerarbeit* eine Liste mit Kriterien zusammen: **Wie kann man den Heiligen Geist spüren bzw. wie wirkt er?** (z. B. als Freude, positive Energie etc. bzw. ermutigend, Kraft spendend usw.). Anschließend werden die Ergebnisse im *Plenum* verglichen.
- Sammeln Sie im *Plenum* gemeinsam mit den Jugendlichen in einem Brainstorming Ideen, wie sich der eigentlich unsichtbare **Heilige Geist** am besten **bildlich darstellen** lassen könnte: Welche Eigenschaften hat er? Mit welchen Formen und Farben lassen sich diese am besten ausdrücken? Anschließend malt jeder Schüler in *Einzelarbeit* ein abstraktes Bild.
- Hängen Sie an der Tafel und den Wänden 📷 Fotos oder Namen von **bekannten Personen** auf, **die sich leidenschaftlich für etwas einsetzen** oder voller Leidenschaft leben. Die Schüler recherchieren im Internet Informationen zu einer der Personen und bereiten in *Einzelarbeit* ein **Kurzreferat** vor, in dem folgende Fragen beantwortet werden müssen:
  ⇒ Wofür ist die Person Feuer und Flamme?
  ⇒ Worin ist sie ein Vorbild für uns?

Ideen zur Sicherung/zum Abschluss

- Legen Sie auf dem Boden ein **Buchstabenfeld** aus, also 26 DIN-A4-Zettel, auf denen je ein Buchstabe des Alphabets geschrieben steht. Die Schüler nehmen der Reihe nach einen der Buchstaben in die Hand und formulieren im *Plenum* eine **Eigenschaft des Heiligen Geistes**, die mit diesem Buchstaben beginnt. Diese Methode lässt sich auch als Wettbewerb durchführen: Zwei Gruppen treten gegeneinander an. Die erste Gruppe beginnt und versucht, in 30 Sekunden möglichst viele Eigenschaften zu unterschiedlichen Buchstaben zu finden, dann kommt die andere Gruppe an die Reihe. Dies wird so oft wiederholt, bis kein Buchstabe mehr auf dem Boden liegt, und die Gruppe mit den meisten Buchstaben gewinnt. (Alternativ können Sie die Buchstaben auch an die Tafel schreiben. Alle Buchstaben, die an der Reihe waren, werden durchgestrichen.)

- Legen Sie für eine Schlussrunde im *Plenum* 📷 **Fotos von verschiedensten positiven Alltagssituationen** aus: Freunde, Liebe, Party usw. Es sollten mindestens so viele Fotos wie Schüler sein. Passende Fotosammlungen finden Sie im Buchhandel. Die Schüler wählen ganz spontan ein Bild aus und stellen sich im Kreis auf. Nun vervollständigt jeder der Reihe nach, passend zu seinem Foto, den Satz **„Der Heilige Geist wirkt …"/ „Der Heilige Geist wird erfahrbar …"**.

Möglichkeiten der Weiterführung

Biblisch: *Der Turmbau zu Babel* (Genesis 11,1–9)

Thematisch: Vor- und Nachteile der verschiedenen Sprachen auf der Welt, Auseinandersetzung mit den eigenen Talenten, mit der eigenen Berufung, Chancen und Gefahren von „Leidenschaft", die Gaben des Heiligen Geistes

Ideen für besondere Projekte

Die Schüler erzählen die **Pfingstgeschichte** und/oder eine Predigt darüber **mit Emoticons** auf ihrem Handy (z. B. 😦😦😦 😮😮😮😮 😇 😲😲😲 😀😀😀). Es darf kein Wort geschrieben werden! Danach bereiten alle eine „Emoticon-Lesung" vor. In Kleingruppen zeigen sich die Schüler die Emoticon-Geschichte und erklären, was mit welchem Emoticon zum Ausdruck kommt.

Die Steinigung des Stephanus

(Apostelgeschichte 7,54–60)

Worum geht's?

Themen: Zum Glauben, zur eigenen Meinung stehen, Mut, Konsequenzen für den Glauben in Kauf nehmen, andere Meinungen akzeptieren

Textgattung: Geschichtsbücher des Neuen Testaments

Inhalt/Hintergrund: Stephanus gehörte der Urchristengemeinde an und hatte dort eine besondere Bedeutung (u.a. war er Mitglied des Rates der Sieben, die mit der Aufgabe betraut sind, Konflikte in der Gemeinde zu lösen). Es wird betont, dass er vom Heiligen Geist erfüllt war und Gott besonders nahe stand. Stephanus steht mutig zu seinem Glauben und kritisiert die Nicht-Christen für ihren Nichtglauben. Dadurch zieht er deren Zorn auf sich und wird Opfer von Lynchjustiz.

Bedeutung: Stephanus gilt als erster christlicher Märtyrer: Er stand zu seinem Glauben und musste dafür mit seinem Leben bezahlen. Auch in der heutigen Zeit gibt es Menschen, die wegen ihres Glaubens Nachteile erleiden oder sogar ihr Leben aufs Spiel setzen. Diese Schicksale konfrontieren uns mit der Frage: Wie ernst ist es uns mit unserem Glauben?

Querbezug zur Lebenswelt der Schüler: Die Jugendlichen wissen womöglich aus eigener Erfahrung oder von anderen Menschen um sie herum, wie schwierig es heute ist, zu seinem Glauben zu stehen. Wer sich offen als gläubig bekennt, erntet häufig schräge Blicke – ganz unabhängig davon, welcher Religion er angehört. Es braucht eine Portion Mut, zu seinen Einstellungen zu stehen, wenn sie nicht dem Mainstream entsprechen. Und das gilt nicht nur beim Thema „Glauben".

Unterrichtsideen

Ideen zum Einstieg

- Projizieren Sie die **fiktive Todesanzeige von Stephanus** (siehe KV auf S. 181 und im Download) an die Wand. Die Schüler äußern im *Plenum* Vermutungen: Was könnte dieser Stephanus für ein Mensch gewesen sein? Warum starb er? Was war ihm wichtig? Anschließend werden die Schüler mit der Bibelgeschichte konfrontiert.
- Schreiben Sie den **Namen Stefan/Stephan** in beiden Schreibweisen an die Tafel. Die Schüler äußern sich im *Plenum*: Was fällt ihnen dazu ein? Wissen Sie, was der Name bedeutet? Erklären Sie ihnen, dass der Name aus dem Griechischen kommt und „der Bekränzte" bedeutet. Viele Namen in der Bibel haben eine **Bedeutung** bzw. sind nicht zufällig gewählt: Welche Geschichte könnte sich hinter dem Namen Stephanus verbergen?
- Erzählen Sie der Klasse von einer Umfrage, bei der die Teilnehmer gefragt wurden, bei welchem der folgenden drei Themen sie am meisten Mühe haben, mit anderen darüber zu sprechen: a) über Geld b) über den Glauben c) über Sexualität. Bevor Sie die Umfrageergebnisse verraten, lassen Sie die Schüler Vermutungen äußern: Legen Sie drei DIN-A4-Zettel mit a), b) und c) auf den Boden und fordern Sie die Schüler auf, sich zu dem Buchstaben zu stellen, den vermutlich die meisten der Befragten angekreuzt haben. Bitten Sie einige Schüler, ihre Wahl zu begründen. Erst dann erfolgt die Auflösung: Der Umfrage zufolge fällt es den Menschen **besonders schwer, über ihren Glauben zu sprechen**. Die Jugendlichen diskutieren, woran das liegen könnte.

Ideen zur Besinnung/Meditation

Lesen Sie folgendes Gebet vor:
Guter Gott, schenk allen Menschen Mut,
Mut, zu sagen, was sie denken,
Mut, zu tun, worauf sie Lust haben,
Mut, sich dafür einzusetzen, was ihnen wichtig ist.
An der Tafel steht groß M U T, wobei die Buchstaben als Umrisse gezeichnet sind. Die Schüler kommen nach vorn und schreiben in die Buchstaben hinein, **in welchen Situationen Mut gefragt ist**, wenn es darum geht, zu seiner Meinung, Gedanken usw. zu stehen.

Ideen zur Erarbeitung

- Fordern Sie die Jugendlichen auf, in *Einzelarbeit* darüber nachzudenken, warum Stephanus gesteinigt wurde. Gegen welche grundlegenden Rechte haben seine Mörder aus heutiger Sicht verstoßen? Die Schüler verfassen eine „**Anklageschrift**" („Hiermit klage ich die Täter an … Ihnen wird vorgeworfen …").
- Wie würde ein **TV-Reporter** (oder YouTube®-Filmer) über das Ereignis in dieser biblischen Geschichte berichten? Die Schüler versetzen sich in diese Rolle und verfassen in *Einzelarbeit* einen (Augenzeugen-)Bericht, in dem sie die Ereignisse aus ihrer Perspektive schildern. Dann wird der Text für eine Präsentation vorbereitet, indem sich die Schüler Notizen auf Karteikarten machen. Nun gehen einige von ihnen „auf Sendung": Sie kommen nach vorn und tragen die TV-Meldung vor. Die Zuschauer geben Feedback: Wie nah war die Reportage der biblischen Version? Was war neu?
- Die Schüler bilden Paare und erhalten das Arbeitsblatt „**Engagierte Menschen**" (siehe KV auf S. 182 und im Download). In *Partnerarbeit* sammeln sie im Internet Informationen zu den genannten Personen. Anschließend überlegen sie, was diese Menschen mit der Geschichte von Stephanus zu tun haben. Zum Schluss werden die Ergebnisse im *Plenum* verglichen.
- Die Schüler schreiben in *Einzelarbeit* **Interviewfragen an Stephanus** auf einzelne Zettel. Die Zettel werden eingesammelt, gemischt und zu gleichen Teilen an die sich nun bildenden Gruppen ausgeteilt. Die Schüler versuchen nun in *Gruppenarbeit*, die Interviewfragen zu beantworten – was hätte Stephanus wohl gesagt? Zum Schluss wählt jeder eine Frage aus und präsentiert diese im *Plenum* zusammen mit der erarbeiteten Antwortmöglichkeit der Klasse. Die anderen ergänzen und korrigieren ggf.
- Zeigen Sie den Schülern auf YouTube® das **Video „Meinungsfreiheit einfach erklärt"** (ein „explainity® Erklärvideo"). In *Partnerarbeit* überlegen die Jugendlichen anschließend, was das Video mit der Geschichte über Stephanus zu tun hat.

Ideen zur Sicherung/zum Abschluss

- Die Schüler stellen in *Gruppenarbeit* eine **Playlist von Songs** zusammen, **die Mut machen**, zur eigenen Meinung und zum eigenen Glauben zu stehen. Dabei können Sie die Charts durchstöbern oder auch passende Liedtitel erfinden. Jede Gruppe stellt ihre Playlist im *Plenum* vor.

Stellen Sie dann die Frage, was man mit diesen Playlists konkret anfangen könnte (z. B. nach Hause mitnehmen und anhören, wenn es einem gerade nicht so gut geht; anderen Menschen schicken, die man aufmuntern möchte, usw.).

- Die Schüler studieren in *Gruppenarbeit* ein Rollenspiel für eine **Talkshow** ein, in der auch **Stephanus als Gast** auftritt. Weitere Rollen sind der Moderator, ein Jugendlicher aus der Gegenwart, ein Zeitgenosse von Stephanus usw. (Bei leistungsschwachen Klassen sollten im Vorfeld gemeinsam im *Plenum* ein paar Fragen erarbeitet und an der Tafel notiert werden, die in dieser Talkshow diskutiert werden können, z. B.: „Warum waren Sie so mutig? Würden Sie nochmals so handeln?") Die verschiedenen Talkshows werden dann im *Plenum* vorgespielt.
- Für viele Menschen ist **Stephanus ein Vorbild.** Was können wir von ihm lernen? Die Schüler erstellen dazu gemeinsam an der Tafel oder auf einem Plakat eine „Vorbild-Kette": Ein Schüler notiert ein konkretes Beispiel – z. B.: „Stephanus hatte keine Angst, seine Meinung zu äußern. Wie er sollten wir immer zu unserer Meinung stehen." Dann hängt der nächste Schüler mit einer anderen Farbe ein weiteres Beispiel an den ersten Satz usw.

Möglichkeiten der Weiterführung

Biblisch: *Die Goldene Regel* (Matthäus 7,12)

Thematisch: Christenverfolgung damals und heute, Heilige, Glauben hat Konsequenzen, Vorurteile, Todesstrafe, Menschenrechte

Ideen für besondere Projekte

Die Schüler gestalten eine **Ausstellung über „Mutige Menschen"** (Anregungen für mögliche Personen finden Sie auf der KV auf S. 182). Zu zweit recherchieren die Jugendlichen zu der von ihnen gewählten Person und bereiten ihre Ergebnisse kreativ auf einem Plakat auf. Bei der „Vernissage" stellen alle Paare ihre Plakate vor.

KV: Todesanzeige

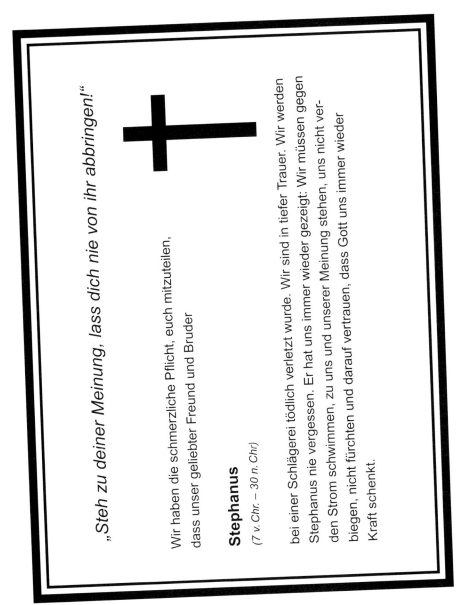

Teil II

KV: Engagierte Menschen

Seite 182_Steinigung des Stephanus_Engagierte Menschen.pdf

Engagierte Menschen

Recherchiert im Internet und füllt die ersten beiden Spalten aus: Wer waren diese Personen und wofür haben sie sich eingesetzt?

Person	Angaben zur Person: Alter, Wohnort, Beruf …	Wofür setzt die Person sich ein/hat sich die Person eingesetzt?	Bezug zum Bibeltext
Rosa Louise Parks			
Kevin Boateng			
Martin Luther King			
Conchita Wurst			
Martin Luther			

Überlegt anschließend, welchen Bezug es zwischen der jeweiligen Person und dem Bibeltext gibt, und notiert dies stichpunktartig in der ganz rechten Spalte.

Die Bibel für Schüler lebendig machen | © Verlag an der Ruhr | Autor: Stephan Sigg | ISBN 978-3-8346-3055-1 | www.verlagruhr.de

Die Bibel für Schüler lebendig machen

Ein Leib, viele Glieder

(1. Korinther 12,12–31a)

Worum geht's?

Themen: Bedeutung der Gemeinschaft, Funktionieren von Gemeinschaft, Gleichberechtigung

Textgattung: Brief

Inhalt/Hintergrund: Der Apostel Paulus ermahnt die Gemeinde von Korinth mit scharfen Worten, zusammenzuhalten und an der Einheit festzuhalten. Offensichtlich drohte der Gemeinde durch verschiedene Querelen und Auseinandersetzungen die Spaltung bzw. hatten sich bereits verschiedene „Grüppchen" gebildet. Paulus verurteilt diese Entwicklung. Die Einheit – und das Engagement dafür – bildet die Grundlage, sie bildet das Fundament für den christlichen Glauben.

Bedeutung: Jedes Glied, jedes Organ hat eine wichtige Funktion für den ganzen Körper. Es kommt auf jedes einzelne an. Das betrifft auch die menschliche Gemeinschaft: Jeder ist ein Teil davon und erfüllt darin eine Aufgabe. Jeder ist genauso wichtig wie die anderen, selbst wenn auf den ersten Blick seine Aufgaben nicht attraktiv oder seine Fähigkeiten nicht groß erscheinen.
Die Geschichte ist somit eine Erinnerung an ein respektvolles Miteinander.

Querbezug zur Lebenswelt der Schüler: Auch eine Klasse ist eine Einheit, eine „Klassengemeinschaft". Auch da kommt es manchmal zu Auseinandersetzungen, auch da kommt es zu Gruppenbildungen und manche Schüler erfahren Ablehnung und Abwertung. Aber auch außerhalb der Schule – in der Familie, in den Medien etc. – erfahren die Jugendlichen, dass es nicht selten vorkommt, dass Menschen abgewertet werden: Z. B. werden in der Arbeitswelt Menschen mit niedrigerer Qualifikation häufig als weniger wichtig erachtet als ein (vermeintlich) hoch qualifizierter Geschäftsführer. Damit sich dieses Denken nicht auch bei den Schülern einbrennt, ist es von zentraler Bedeutung, ihnen bewusst zu machen, wie wichtig jeder Einzelne in der Gesellschaft ist und dass wir alle aufeinander angewiesen sind.

Unterrichtsideen

Ideen zum Einstieg

- Zeigen Sie den Schülern am Whiteboard als Impuls die 📷 **Startseiten oder Logos verschiedener Social Media-Anwendungen**, die bei den Jugendlichen gerade „in" sind (z. B. Facebook, Twitter, WhatsApp, Snapchat, Instagram etc.). Warum nutzen so viele Menschen Social Media-Plattformen? Was machen sie dort? Was gefällt ihnen dort? Die Schüler äußern sich dazu im *Plenum*. Dann folgt der Bibeltext. Anschließend überlegen die Schüler in *Partnerarbeit*, welcher Zusammenhang zwischen Social Media und dem Text besteht.
- Bringen Sie ein beliebiges **Puzzle** mit maximal 50 Teilen mit und verteilen Sie die Puzzleteile an die Schüler. Da sich in dieser Puzzleteil-Anzahl meist nur Kindermotive finden lassen, bietet es sich an, vorab ein eigenes, der Altersgruppe angepasstes Puzzle zu erstellen (sei es bei einem Online-Fotodienst oder indem Sie ein Bild zum Thema „Gemeinschaft" in mehrere Teile zerschneiden – Sie können auch die editierbare Puzzle-Vorlage im ⬇ Download nutzen und damit bspw. den Bibeltext als Puzzle aufbereiten). Die Schüler versuchen nun, das Puzzle zusammenzusetzen. Dabei darf kein Wort gewechselt werden, die Jugendlichen dürfen sich aber durch Zeichen verständigen und gegenseitig helfen. Anschließend hören die Schüler den Bibeltext. Überlegen Sie dann gemeinsam im *Plenum*: **Was hat das Puzzle mit dem Text zu tun?** (Bei einem Puzzle kommt es auf jedes einzelne Teil an; wenn ein Teil fehlt, ist das Puzzle nicht komplett; damit etwas gelingt, muss man sich gegenseitig helfen; es ist manchmal gar nicht so einfach, aufeinander zu hören, usw.).
- Bilden Sie einen Stuhlkreis. Die Fläche in der Mitte dient gleich zur **„Meinungs-Positionierung"**. Stellen Sie den Schülern nacheinander die folgenden Fragen:
    ➲ Wie wichtig ist dir Gemeinschaft?
    ➲ Wie sehr engagierst du dich für die Gemeinschaft?
    ➲ Wie wichtig ist Gemeinschaft für unsere Gesellschaft?
    ➲ Wie harmonisch ist unsere Klassengemeinschaft?
    Jeder stellt sich nun gemäß seiner Meinung innerhalb des Kreises auf, wobei die Kreismitte „sehr" und ganz außen „überhaupt nicht" bedeutet. Nachdem sich die Schüler zu einer Frage positioniert haben, kommen sie mit den Mitschülern an ähnlicher Position kurz dazu ins Gespräch, bevor Sie die nächste Frage stellen.

Ideen zur Besinnung/Meditation

In der Mitte liegen Puzzleteile (nutzen Sie dafür z. B. die Puzzle-Vorlage im ⬇ Download). Jedes einzelne von ihnen ist zerschnitten – die zusammengehörigen liegen aber dennoch direkt nebeneinander, damit die Schüler die Symbolik des **zerstörten Puzzles** verstehen. Die Jugendlichen hören Musik und denken dabei über die Frage nach: **Was macht Gemeinschaft kaputt?** Welches Verhalten zerstört die Gemeinschaft? Danach nennen alle der Reihe nach ein Beispiel und schreiben es dann auf ein Puzzleteil.

Ideen zur Erarbeitung

- Die Schüler finden sich zu zweit zusammen und **übertragen die Geschichte** in *Partnerarbeit* auf einen der folgenden **Alltagsbereiche**: Sportverein, Schule, Bank. Im ersten Schritt machen die Paare ein Brainstorming: Welche Personen sind bei ihrem Beispiel alle tätig? Wer hat welche Aufgaben? Erst danach wird die Geschichte in der neuen Version aufgeschrieben. Anschließend werden die Texte im *Plenum* den Mitschülern vorgelesen.
- Die Schüler bilden Gruppen. Verteilen Sie an jede Gruppe einen Satz leere Puzzleteile, die zusammen ein ganzes Puzzle ergeben (nutzen Sie dafür z. B. die Puzzle-Vorlage im ⬇ Download). Nun schreiben die Schüler in *Gruppenarbeit* auf jedes Teil eine andere Antwort für die Frage: **Was fördert Gemeinschaft?** (z. B. Respekt, Zuhören, Hilfsbereitschaft etc.) Anschließend setzen sie das Puzzle aus den beschrifteten Teilen zusammen. In einem Rundgang spazieren alle Schüler von Puzzle zu Puzzle und betrachten die verschiedenen Ergebnisse.
- Eigentlich kommt es in unserer Gesellschaft auf jeden Einzelnen an, und dennoch werten wir im Alltag in der Schule, in der Sportmannschaft oder in einer Firma (z. B. die Reinigungskraft …) ab, weil sie keine „Topaufgaben" bzw. „Traumjobs" haben. Die Schüler sammeln zunächst im *Plenum* Beispiele für solche **„Außenseiter" unserer Gesellschaft**. Dann wählen sie ein Beispiel aus und schlüpfen in diese Rolle: **Aus der neuen Perspektive** verfassen sie in *Einzelarbeit* einen Brief an die Klasse, in dem sie schildern, **wie der Bibeltext auf sie wirkt** bzw. was er mit ihnen zu tun hat. Achtung: Sollte es innerhalb Ihrer Klasse tatsächlich ausgegrenzte Schüler/Mobbing-Opfer geben, verzichten Sie hier auf den Alltagsbereich „Schule"!

Ideen zur Sicherung/zum Abschluss

- An der Tafel stehen verschiedene **positive Eigenschaften** (z. B. gut zuhören können, gut andere motivieren können, gut erklären können, zuverlässig sein, gut Streit schlichten können etc.). Eine Kreide zirkuliert. Jeder kommt nach vorn und schreibt hinter eine der Eigenschaften den Namen eines **Klassenkameraden**, der diese positive Eigenschaft seiner Meinung nach hat. (Bei Klassen, in denen ein schlechtes Klima herrscht, ist es sinnvoller, wenn die Schüler selbst vorschlagen, für welche Aufgabe sie am besten geeignet sind.)
- Stellen Sie den Jugendlichen die Frage: **Was gefällt mir an unserer Klassengemeinschaft?** Jeder formuliert in *Einzelarbeit* ein Lob bzw. ein Kompliment und schreibt dieses auf einen Zettel. Die Zettel werden eingesammelt und nebeneinander an die Wand gehängt.

Möglichkeiten der Weiterführung

Biblisch: *Das Pfingstereignis* (Apostelgeschichte 2,1–13), *Das letzte Abendmahl* (Markus 14,12–25), *Die Goldene Regel* (Matthäus 7,12)

Thematisch: Vertiefung der Fragen „Wer bin ich? Was sind meine Stärken? Was sind meine Schwächen?", Bedeutung von funktionierender Kommunikation

Ideen für besondere Projekte

- Die Schüler entwickeln in *Gruppenarbeit* Ideen, wie die **Social Media-Netzwerke** zu richtigen/noch besseren **„Gemeinschafts-Netzwerken"** werden können. Was müsste sich ändern? Was müssten wir Nutzer konkret tun? Die Ergebnisse werden anschaulich auf Plakaten aufbereitet und präsentiert.
- Organisieren Sie eine **„Pflegekur für die Klassengemeinschaft"**: Die Klasse nimmt sich vor, sich in den kommenden Wochen besonders intensiv um die „Gemeinschaft" zu kümmern. Es wird ein Plan erstellt: An jedem Tag oder in jeder Woche ist ein Schüler an der Reihe, eine kleine Aktion vorzubereiten, die sich positiv auf die Gemeinschaft der Klasse auswirkt (z. B. ein gemeinsames Selfie machen und dieses dann im Klassenraum aufhängen, eine gemeinsame Frühstückspause organisieren usw.).

Anhang

© striZh | Fotolia.com

Anhang

Übersicht der wichtigsten Textgattungen der Bibel

Eigentlich ist die Bibel kein einzelnes Buch, sondern eine Zusammenstellung verschiedener Bücher. Darunter sind **viele verschiedene Textgattungen** zu finden. Die wichtigsten sollen im Folgenden kurz skizziert werden, um Ihnen eine Grundlage zu bieten, auf der Sie **die Gattungen mit Ihren besonderen Merkmalen** im Unterricht mit Ihren Schülern **thematisieren** können.

Dabei sollten Sie den Schülern vorab **einige grundlegende Aspekte aller Bibeltexte** bewusst machen: Zunächst einmal ist es wichtig, zu wissen, dass die verschiedenen Texte **zu unterschiedlichen Zeiten** entstanden sind. Heute sind sich alle christlichen Konfessionen einig, dass es sich bei der Bibel zwar um das Wort Gottes handelt, dass dieses jedoch **von Menschen**, die vom Heiligen Geist inspiriert wurden, **aufgeschrieben** worden ist. Dabei wurde jeder Text **durch die Perspektive des Erzählers und seine Absicht geprägt** (z. B. wandten sich die Evangelisten an eine ganz bestimmte Zielgruppe). Manche Texte wurden **mehrmals überarbeitet** bzw. redigiert. Deshalb gibt es auch Texte, die Logikfehler oder Wiederholungen beinhalten. Auch darf bei der Auseinandersetzung mit biblischen Texten nicht vergessen werden: Die Texte wurden ursprünglich in Hebräisch bzw. Griechisch verfasst, bei den deutschsprachigen Texten handelt es sich also um eine **Übersetzung**. Jeder Schüler, der schon mal einen Text übersetzt hat, weiß um die Schwierigkeit, passende Pendants für Wörter oder Sätze in der Fremdsprache zu finden.

Gesetzesbücher

Der erste Teil des Alten Testaments, das sogenannte „Pentateuch" („das Fünf-Rollen-Buch"), umfasst die Bücher Genesis, Exodus, Levitikus, Numeri und Deuteronomium. Sie werden auch „die fünf Bücher Mose" genannt, denn in allen dieser Bücher ist Mose als Befreier und Gesetzgeber des Volkes Israel die zentrale Gestalt. In der jüdischen Tradition werden diese Bücher „Thora" genannt.

Die Bibel für Schüler lebendig machen

Die Gesetzesbücher beginnen mit den Erzählungen von der Erschaffung der Welt und des Menschen. Danach wird die Vorgeschichte Israels dargelegt, inklusive des Auszugs aus Ägypten. Das Zentrum dieser Bücher bildet der Bundesschluss zwischen Gott und seinem Volk. Der bekannteste Text dabei sind die Zehn Gebote. Die Gesetzesbücher enden schließlich mit dem Tod von Mose.

Passende in diesem Buch thematisierte Bibeltexte:
- Genesis 4,1–16: *Kain und Abel* → S. 54ff.
- Genesis 11,1–9: *Der Turmbau zu Babel* → S. 61ff.
- Exodus 3,1–5: *Der brennende Dornbusch* → S. 66ff.
- Exodus 20,8–11: *Du sollst den Feiertag heiligen – das dritte Gebot* → S. 70ff.

Geschichtsbücher im Alten Testament

Zu den Geschichtsbüchern des Alten Testaments zählen die Bücher Josua, Richter, Rut, 1. und 2. Samuel, 1. und 2. Könige, 1. und 2. Chronik, Esra, Nehemia und Ester.
Die Schriften erzählen die Geschichte des Volkes Israel. Sie beginnen mit dem Einzug in das gelobte Land, dann wird die Zeit des Königtums beschrieben und schließlich enden die Erzählungen mit der Eroberung des Landes durch die Assyrer und Babylonier.

Passende in diesem Buch thematisierte Bibeltexte:
- 1. Samuel 17,1–58: *David gegen Goliat* → S. 76ff.

Bücher der Weisheit

Auch wenn im weitesten Sinne in fast allen alttestamentlichen Schriften weisheitliche Passagen (alle „sprichwörtlichen Erfahrungsberichte") zu finden sind, werden zur biblischen Weisheitsliteratur in der Bibelwissenschaft nur die Bücher Hiob und Kohelet sowie das Buch der Sprüche gerechnet. Die Texte über durch Alltagserfahrungen gesammelte Lebens- und Glaubensweisheiten sind gekennzeichnet durch Parabeln, Listen und Sprichwörter. Diese Lehren wurden zunächst mündlich weitergegeben, bevor man sie nach und nach aufschrieb.

Die auch „Lehrbücher" genannten Schriften behandeln besonders viele Themen und Einsichten, die noch heute höchst aktuell sind. Es geht unter anderem um die Frage nach dem Sinn des Lebens, um die Frage, wie Gott Leid zulassen kann, und um allgemeine Themen, wie Freundschaft und Familie.

Passende in diesem Buch thematisierte Bibeltexte:
- Prediger/Kohelet 3,1–15: *Alles hat seine Zeit* → S. 85ff.

Psalmen

Die Psalmen (der „Pasalter") sind eine Sammlung von rund 150 Liedern und Gebeten. Ein Großteil davon stammt von König David. Der Begriff „Psalmen" lässt sich vermutlich auf den griechischen Begriff „Psalter" zurückführen. Damit wurde sowohl ein großes griechisches Saiteninstrument bezeichnet als auch eine Sammlung von Liedern, die zu der Musik dieses Instruments gesungen wurden. Die Entstehungszeit der Psalmen lässt sich nicht genau datieren, es ist wahrscheinlich, dass die Texte in einem Zeitraum von mehreren Jahrhunderten entstanden sind, die ältesten wohl in vorexiler Zeit. Die Psalmen waren in den jüdischen Gemeinden als Gebete und Lieder in Verwendung. Man unterscheidet verschiedene Arten von Psalmen, z. B. Lobpsalmen, Klagepsalmen, Hymnen und Schöpfungspsalmen. Die Psalmen treten in einer lyrisch-poetischen Form mit Gott in einen Dialog oder thematisieren grundlegende Menschheitserfahrungen.

Passende in diesem Buch thematisierte Bibeltexte:
- Psalm 91,11: *Denn er hat seinen Engeln befohlen ...* → S. 81ff.

Prophetenbücher im Alten Testament

Die umfangreichsten prophetischen Bücher im Alten Testament sind Jesaja, Jeremia und Hesekiel. Die Vorhersagen dieser und anderer biblischer Propheten sind dabei keinesfalls mit den „Prophezeiungen" heutiger Astrologen oder

Wahrsager gleichzusetzen. Die Propheten in der Bibel waren weise Männer und Frauen, die sich darauf beriefen, die Botschaften in Visionen oder Träumen direkt von Gott erhalten zu haben und diese an die Menschen weitergeben zu müssen. Bei genauerer Betrachtung der Inhalte ihrer Prophezeiungen wird sichtbar: Die Botschaften waren alles andere als frei erfunden bzw. aus der Luft gegriffen, sondern oft so etwas wie eine genaue Beobachtung der gegenwärtigen gesellschaftlichen und politischen Zustände und Warnungen vor den Konsequenzen, die sich daraus ergeben können. So waren die biblischen Propheten Mahner und Kritiker, die sich intensiv mit der Gesellschaft beschäftigten, Tendenzen und Trends frühzeitig erkannten und vor fragwürdigen und gefährlichen Entwicklungen warnten. Oft enthielten ihre Botschaften dabei auch Kritik an den aktuellen Machthabern.

Da es sich dabei um Herausforderungen und Gefahren handelt, die Menschen zu jeder Zeit beschäftigten und noch immer beschäftigen, halten die Texte der Propheten auch heute der Gesellschaft den Spiegel vor.
Die Wissenschaft geht heute davon aus, dass die prophetischen Texte zunächst als mündliche Botschaft verbreitet wurden, bevor die Propheten selbst oder auch Ihre Schüler sie niederschrieben.

Passende in diesem Buch thematisierte Bibeltexte:
- Jesaja 35,1–4: *Die Heilsankündigung Jesajas* → S. 92ff.

Evangelien

Bei den Evangelien handelt es sich um Erzähltexte, die vom Leben und Wirken Jesu berichten. Auch sein Tod und die Auferstehung werden hier dargestellt. Sie werden daher auch (zusammen mit der Apostelgeschichte) die „Geschichtsbücher des Neuen Testaments" genannt. Die Verfasser, die vier Evangelisten Matthäus, Markus, Lukas und Johannes, wollten dabei nicht nur einen historischen Bericht liefern, sondern auch die Lehre Jesu als Retter der Menschheit weitergeben. Nicht umsonst heißt „Evangelium" übersetzt so viel wie „die frohe Botschaft".
Die Wissenschaft geht heute davon aus, dass sich die vier Evangelisten nicht persönlich kannten und auch keine Augenzeugen waren, also Jesus nicht persönlich begegnet sind. Sie griffen auf eine Fülle mündlicher Erzählungen zu-

rück und stellten sie in schriftlicher Form zusammen. Dabei richtete sich jedes Evangelium an eine andere Zielgruppe, sodass die Texte unterschiedliche Schwerpunkte setzen – so wandte sich Matthäus vor allem an Juden, Markus an Römer, Lukas an griechische Leser und Johannes an Menschen, die bereits zum christlichen Glauben gefunden hatten.

Passende in diesem Buch thematisierte Bibeltexte:
- Matthäus 2,10–11: *Die Geschenke der Sterndeuter* → S. 98ff.
- Matthäus 5,1–7,29: *Die Bergpredigt* → S. 106ff.
- Matthäus 7,12: *Die Goldene Regel* → S. 112ff.
- Matthäus 18,20: *Wo zwei oder drei unter meinem Namen ...* → S. 123ff.
- Markus 14,12–25: *Das letzte Abendmahl* → S. 132ff.
- Lukas 2,1–20: *Die Geburt Jesu* → S. 138ff.
- Lukas 4,1–13: *Die Versuchung Jesu* → S. 141ff.
- Lukas 10,38–42: *Maria und Marta* → S. 152ff.
- Johannes 8,1–11: *Jesus und die Ehebrecherin* → S. 157ff.
- Johannes 8,12: *Ich bin das Licht der Welt* → S. 162ff.

(siehe außerdem Wundererzählungen und Gleichnisse unten)

Wundererzählungen

Im Neuen Testament wird geschildert, wie Jesus – der Sohn Gottes – den Menschen durch zahlreiche Wunder Gottes Macht, Wirken und Liebe sichtbar machte. Dabei ging es ihm nicht darum, die Menschen zu verblüffen – er tritt nie als „Show-Zauberer" auf, der einfach wegen der Wirkung „zaubert". Mit den Wundern sollte vielmehr sichtbar gemacht werden, dass Jesus tatsächlich der Sohn Gottes ist. Auch wenn Jesus ganz Mensch war, setzte er damit die Naturgesetze außer Kraft.

Im Neuen Testament wird von drei Arten von Wundern erzählt: die Dämonenaustreibung (z. B. in „Die Schweine von Gerasa", Markus 5,1–20), die Heilungswunder (z. B. in „Jesus heilt einen Blinden", Johannes 9,1–12) und die Naturwunder (z. B. in „Der Gang Jesu auf dem Wasser", Matthäus 14,22–33). Alle Wunder haben stets das Wohl des Menschen im Blick. Dabei haben die geschilderten Wunder immer zwei Ebenen: Die Wunder und Wunderheilungen geschehen sowohl körperlich-konkret als auch im übertragenen Sinn. Jedes Wunder hat eine religiös-symbolische Bedeutung, auf die Jesus hinweisen möchte. Sind Kinder von diesen Wundergeschichten noch fasziniert, tun sich Jugendliche oft schwer damit und werten sie schnell als „Aberglauben" ab. Es ist daher unbedingt wichtig, ihnen einen reifen, vernünftigen Zugang zu den Wundern zu eröffnen.

Passende in diesem Buch thematisierte Bibeltexte:
- Johannes 9,1–12: *Jesus heilt einen Blinden* → S. 167ff.

Gleichnisse

Jesus erzählte den Menschen vom Reich Gottes und von Gottes Liebe häufig in Form von kurzen Gleichnissen. Diese sollen helfen, einen komplexen Sachverhalt besser zu verstehen und ihn durch ein einprägsames Bild mit Bezug zur Lebenswelt der Menschen zu verinnerlichen. Im Lukas-Evangelium wird aber auch darauf hingewiesen, dass Jesus die Gattung der Gleichnisse wählte, um die Botschaft zu „verhüllen", damit er sich nicht angreifbar machte. Jesus vertraute darauf, dass die Menschen die Gleichnisse verstehen. In der Bibel sind deshalb keine Deutungen oder Erklärungen der Gleichnisse zu finden. Die Form der Gleichnisse ist jedoch keine Erfindung von Jesus oder der Evangelisten: Schon im Frühjudentum, in der Weisheitsliteratur und in der Apokalyptik waren Gleichnis-Elemente verbreitet. Die heutige Wissenschaft geht davon aus, dass die Gleichnisse in den vier Evangelien intensiv redaktionell überarbeitet wurden, bis sie die Version erhielten, in der sie heute in der Bibel zu finden sind. In jedem Fall sind die Gleichnisse Jesu, was Aussage und Sprachbilder betrifft, zeitlos und für uns heute genauso relevant wie für die Menschen, denen er sie damals erzählte.

Passende in diesem Buch thematisierte Bibeltexte:
- Matthäus 5,14–16: *Vom Licht unter dem Scheffel* → S. 116ff.
- Matthäus 20,1–16: *Von den Arbeitern im Weinberg* → S. 127ff.
- Lukas 10,25–37: *Vom barmherzigen Samariter* → S. 146ff.

Briefe

Bei den Briefen im Neuen Testament handelt es sich vor allem um Schriften des Apostels Paulus an die christlichen Gemeinden. Paulus hatte in der Urchristengemeinde eine besondere Stellung inne. Nach seiner Bekehrung zum Christentum missionierte er eifrig und setzte alles daran, seine Mitmenschen von der christlichen Lehre zu überzeugen. In seinen Briefen nimmt er ausführlich Stellung zum Alltag der Christen, zu den Herausforderungen des Christseins etc. Die heutige Forschung geht jedoch davon aus, dass nicht alle Briefe, die Paulus als Verfasser ausgeben, tatsächlich von ihm stammen, da sie sich in Stil und Inhalt z. T. deutlich unterscheiden. Um die Bedeutung und Glaubwürdigkeit der Briefe zu unterstreichen, schrieben höchstwahrscheinlich andere Autoren mit dem Pseudonym Paulus den Brief an die Epheser und den Brief an die Kolosser.

Passende in diesem Buch thematisierte Bibeltexte:
- 1. Korinther 12,12–31a: *Ein Leib, viele Glieder* → S. 183ff.

Offenbarung

Die „Offenbarung des Johannes" am Ende der Bibel ist das prophetische Buch des Neuen Testaments. Der Text über die Apokalypse ist voller Symbole und deshalb nur schwer verständlich. Auch wenn es auf den ersten Blick so wirkt – der Text ist nicht als „Vorhersage" für die Zukunft der Menschen zu verstehen, sondern war eher als Durchhalteschrift für Christen, die verfolgt wurden, gedacht. Es ist also keine „Drohbotschaft", sondern vielmehr eine Trost- und Hoffnungsschrift, die vermitteln will, dass trotz aller Unterdrückung am Ende der Sieg Gottes sicher ist. Der bildgewaltige und faszinierende Text hatte besonders großen Einfluss auf den Volksglauben. So liegen hier bspw. die Annahme, es gäbe ein „Fegefeuer", und die Vorstellung von den apokalyptischen Reitern begründet. Darüber hinaus sind auch einige Formulierungen und Sprachbilder, wie das „Buch mit sieben Siegeln" oder das „A und O", bis heute geläufig. Ursprünglich glaubte man, dass es sich beim Autor dieses Textes um denselben Verfasser wie beim Johannes-Evangelium handelte. Heute geht man davon aus, dass es sich um einen Propheten handelte, der einer Propheten-Gruppe angehörte.

Register

Bibelstellenverzeichnis

Genesis 3,1 – 24 *(Der Sündenfall bei Adam und Eva)* → S. 144
Genesis 4,1–16 *(Kain und Abel)* → S. **54ff.**
Genesis 6,5–9,17 *(Die Sintflut-Erzählung)* → S. 65
Genesis 11,1–9 *(Der Turmbau zu Babel)* → S. **61ff.**, 176
Exodus 3,1–5 *(Der brennende Dornbusch)* → S. **66ff.**
Exodus 6,2–13,22 *(Auszug der Israeliten aus Ägypten)* → S. 42, 48f., 79
Exodus 7,1–7 *(Die ägyptischen Plagen)* → S. 21
Exodus 20,1–21 *(Die Zehn Gebote)* → S. 59, 109
Exodus 20,8–11 *(Du sollst den Feiertag heiligen)* → S. 47, **70ff.**
1. Samuel 17,1–58 *(David gegen Goliat)* → S. **76ff.**
Psalm 23 *(Der Herr ist mein Hirte)* → S. 17, 33
Psalm 37,4 *(… dann gibt er dir, was dein Herz begehrt)* → S. 30
Psalm 91,11 *(Denn er hat seinen Engeln befohlen)* → S. **81ff.**
Prediger/Kohelet 3,1–15 *(Alles hat seine Zeit)* → S. 30, 74, **85ff.**, 155
Jesaja 35,1–4 *(Die Heilsankündigung Jesajas)* → S. **92ff.**
Jesaja 53,2–8 *(Auszug aus dem vierten Lied vom Gottesknecht)* → S. 141
Matthäus 2,1–12 *(Die Huldigung der Sterndeuter)* → S. 39, 141
Matthäus 2,10–11 *(Die Geschenke der Sterndeuter)* → S. **98ff.**
Matthäus 2,16–18 *(Der Kindermord in Bethlehem)* → S. 141
Matthäus 5,1–7,29 *(Die Bergpredigt)* → S. 85, **106ff.**
Matthäus 5,14–16 *(Vom Licht unter dem Scheffel)* → S. 90, **116ff.**, 165
Matthäus 6,5–15 *(Das Vaterunser)* → S. 159
Matthäus 6,19–34 *(Von der falschen und der rechten Sorge)* → S. 144
Matthäus 6,21 *(Denn wo dein Schatz ist, da ist auch dein Herz)* → S. 30
Matthäus 7,12 *(Die Goldene Regel)* → S. 109, **112ff.**, 130, 150, 159, 180, 186
Matthäus 10,14 *(… und schüttelt den Staub von euren Füßen)* → S. 30
Matthäus 18,20 *(Wo zwei oder drei unter meinem Namen …)* → S. **123ff.**
Matthäus 20,1–16 *(Von den Arbeitern im Weinberg)* → S. 16, **127ff.**
Markus 6,30–44 *(Die Speisung der 5000)* → S. 27f., 37, 116
Markus 7,31–37 *(Die Heilung eines Taubstummen)* → S. 65

Markus 14,12–25 *(Das letzte Abendmahl)* → S. **132ff.**, 186
Lukas 1,26–38 *(Verheißung der Geburt Jesu)* → S. 85
Lukas 2,1–20 *(Die Geburt Jesu)* → S. 96, **138ff.**, 165
Lukas 4,1–13 *(Die Versuchung Jesu)* → S. **141ff.**
Lukas 8,22–25 *(Die Stillung des Sturms)* → S. 24
Lukas 10,25–37 *(Vom barmherzigen Samariter)* → S. 22, 32, **146ff.**, 171
Lukas 10,38–42 *(Maria und Marta)* → S. 24, 59, **152ff.**
Lukas 18,18–30 *(Von Reichtum und Nachfolge)* → S. 24, 46
Johannes 6,16–21 *(Jesus auf dem See)* → S. 31
Johannes 8,1–11 *(Jesus und die Ehebrecherin)* → S. **157ff.**
Johannes 8,12 *(Ich bin das Licht der Welt)* → S. 85, 103, **162ff.**
Johannes 9,1–12 *(Jesus heilt einen Blinden)* → S. **167ff.**
Johannes 13,1–14,31 *(Das Abschiedsmahl)* → S. 126
Johannes 18,1–19,42 *(Die Leidensgeschichte Jesu)* → S. 136
Apostelgeschichte 1,9–11 *(Die Himmelfahrt Jesu)* → S. 19
Apostelgeschichte 2,1–13 *(Das Pfingstereignis)* → S. 65, 70, **173ff.**, 186
Apostelgeschichte 7,54–60 *(Die Steinigung des Stephanus)* → S. **177ff.**
1. Korinther 12,12–31a *(Ein Leib, viele Glieder)* → S. 121, **183ff.**
Hebräer 13,2 *(Vergesst die Gastfreundschaft nicht)* → S. 116

Themenverzeichnis

Abendmahl → S. 132ff.
Abhängigkeit/Sucht → S. 141ff.
Abschied nehmen → S. 132ff.
Achtsamkeit → S. 66ff., 70ff., 81ff., 98ff., 152ff., 167ff.
Advent → S. 92ff.
Angst → S. 66ff., 76ff., 162ff., 173ff.
Arbeit → S. 70ff., 127ff., 152ff., 183ff.
Armut und Reichtum → S. 106ff.
Begeisterung → S. 173ff.
Diakonie → S. 106ff., 112ff., 146ff.
Eifersucht → siehe *Neid*
Engel/Schutzengel → S. 81ff.
Ethik, christliche → S. 54ff., 70ff., 106ff., 112ff., 127ff., 146ff., 157ff., 183ff.
Familie → S. 54ff., 70ff.
Fastenzeit → S. 141ff.

Freiheit und Verantwortung → S. 61ff., 141ff.
Freundschaft → S. 152ff.
Gebet/reden mit Gott → S. 66ff.
Geborgenheit → S. 81ff.
Gebote/Regeln → S. 54ff., 66ff., 70ff., 112ff., 146ff.
Gemeinschaft, Leben in/Verantwortung für → S. 61ff., 70ff., 106ff., 112ff., 116ff., 123ff., 127ff., 132ff., 146ff., 152ff., 173ff., 183ff.
Gerechtigkeit → S. 85ff., 106ff., 127ff., 146ff.
Geschenke → S. 98ff.
Gewissen → S. 141ff.
Glück und Unglück → S. 85ff.
Gottesbilder → S. 66ff., 81ff., 92ff., 138ff., 162ff., 173ff.
Gottesdienst → S. 70ff., 123ff., 132ff.
Heilige → S. 177ff.
Heiliger Geist → S. 173ff.
Heilung → S. 167ff.
Helden → siehe *Vorbilder*
Hoffnung → S. 85ff., 92ff., 106ff., 138ff., 162ff., 167ff.
Jesus → S. 92ff., 98ff., 123ff., 132ff., 138ff., 141ff., 162ff., 173ff.
Kirche → S. 70ff., 123ff., 132ff., 173ff.
Kirchenjahr → S. 92ff., 98ff., 138ff., 141ff., 162ff., 173ff., 177ff.
Kommunikation → S. 61ff., 152ff., 173ff.
Konflikte → S. 54ff.
Licht → S. 92ff., 116ff., 138ff., 162ff.
Macht und Machtlosigkeit → S. 76ff., 106ff., 141ff.
Mord → S. 54ff.
Mut → siehe *Selbstvertrauen*
Nächstenliebe → S. 106ff., 112ff., 127ff., 146ff., 157ff., 183ff.
Neid/Eifersucht → S. 54ff.
Pfingsten → S. 173ff.
Prophetie/Propheten → S. 92ff.
Regeln → siehe *Gebote*
Reichtum → siehe *Armut*
Respekt → siehe *Toleranz*
Rituale → S. 70ff., 132ff.
Ruhe/ausruhen → S. 70ff., 152ff.
Sakramente → S. 132ff.
Schuld → S. 54ff., 157ff.

Segen → S. 81ff.
Selbstfindung → S. 116ff.
Selbstüberschätzung/Hochmut → S. 61ff.
Selbstvertrauen/Mut → S. 76ff., 116ff., 146ff., 173ff., 177ff.
Stärken und Schwächen → S. 116ff.
Strafe → S. 54ff.
Sucht → siehe *Abhängigkeit*
Sünde → S. 157ff.
Symbole, religiöse → S. 81ff., 92ff., 116ff., 138ff., 162ff.
Toleranz und Respekt → S. 112ff., 127ff., 157ff., 177ff., 183ff.
Trauer → S. 85ff.
Vergebung → S. 157ff.
Versuchung → S. 141ff.
Vertrauen → S. 81ff., 85ff., 92ff., 106ff.
Vorbilder/Helden → S. 76ff., 146ff., 177ff.
Vorurteile → S. 157ff.
Weihnachten → S. 92ff., 98ff., 138ff., 162ff.
Widerstand → S. 76ff., 177ff.
Zeit, Umgang mit → S. 70ff., 85ff., 152ff.

Bildnachweis

S. 9ff.: © Lucie Drobna/fotolia.com (Note),
© Erhan Ergin/fotolia.com (Foto- und Videokamera)

S. 16ff.: © flas100/fotolia.com (Zettel)

S. 91: © Erhan Ergin/fotolia.com (Hände, Lautsprecher, Zahnrad)

S. 156: © yanlev/fotolia.com (Jugendliche),
© AK-DigiArt/fotolia.com (Polaroid-Rahmen)

S. 166: © JiSign/fotolia.com (Flugzeug),
© Erhan Ergin/fotolia.com (Lautsprecher),
© pico/fotolia.com (Smartphone),
© spiral media/fotolia.com (Herz),
© spiral media/fotolia.com (Smileys),
© JJAVA/fotolia.com (Download),
© Erhan Ergin/fotolia.com (Videokamera),
© Erhan Ergin/fotolia.com (W-Lan),
© Lucie Drobna/fotolia.com (Noten),
© WonderfulPixel/fotolia.com (Kaffeetasse),
© Moonlake/fotolia.com (Like-Button, Twitter und WhatsApp),
© Erhan Ergin/fotolia.com (Fotoapparat),
© bilderzwerg/fotolia.com (Feuerlöscher)

S. 176: © DigiClack/fotolia.com (Smileys)

Medientipps

Conzelmann, Hans/Lindemann, Andreas:
Arbeitsbuch zum Neuen Testament
UTB Morh Siebeck, 2004
ISBN 978-3-8252-0052-7
→ Einführung in die wissenschaftliche Auslegung des Neuen Testaments, Darstellung über die Umwelt und theologischen und historischen Probleme der neutestamentlichen Schriften.

Dreyer, Martin:
Die Volxbibel – Altes und Neues Testament
Pattloch, 2014
ISBN 978-3-629-13060-0
→ Eine ganz neue Übersetzung: Die VolxBibel ist der Versuch, die Texte der Heiligen Schrift in einer aktuellen, jugendgerechten Sprache verständlich zu vermitteln.

Fitzen, Anja:
Wie die Bibel entstanden ist. Ein Stationenlernen in zwei Differenzierungsstufen
Verlag an der Ruhr, 2013
ISBN 978-3-8346-2339-3
→ Speziell für die Sekundarstufe konzipierte Kopiervorlagen zur Entstehungsgeschichte der Bibel; von der rein mündlichen Überlieferung bis hin zur heutigen Rolle der Heiligen Schrift der Christen. Enthält 9 Pflicht- und 3 Wahlstationen inkl. Lösungen zur Selbstkontrolle.

Sigg, Stephan:
„Alle Christen sind ..." – 50 Fragen zum Christentum
Verlag an der Ruhr, 2011
ISBN 978-3-8346-0879-6
→ Dieses Buch liefert einen Überblick über die wichtigsten Aspekte des christlichen Glaubens. Dabei werden die häufigsten Fragen zur Geschichte des Christentums, zu christlichen Festen und Traditionen sowie Moralvorstellungen beantwortet.